ブッダの冠

仏・菩薩の持ち物〈考〉

西村実則
Minori Nishimura

大法輪閣

はじめに

修行僧は本来、三枚の衣と一つの鉢だけを所持していた。しかし、時代とともにさまざまな物を所有するようになった。インドでは寄進、つまり布施された物はいかなる物であれ、受領すべきだという考え方がある。遍歴遊行の生活であった修行僧は、まず土地、僧院の寄進を受けた。その後、香、薬、水瓶、数珠、冠など多くの物を急速に所有するようになっていった。そのきっかけと年代を、それぞれのテーマごとに追求したのが本書である。

従来、仏の持ち物一般については、美術史の分野から研究されることが多かったが、本書では、初期仏教の視点まで遡り、その後の多様な仏典、彫刻、絵画などから仏の持ち物を取り上げた。

【もくじ】

第四章　香炉

第五章　数珠使用のはじまり

第六章　仏教と数珠

装幀：Malpu Design　清水良洋

第一章　少欲知足

「少欲知足」であれ

「少欲知足」とは仏教語としてよく言われる教訓であり、この言葉は日本の説話文学、たとえば無住《むじゅう》（一二二六―一三一二年）の著した『沙石集《しゃせきしゅう》』にも出てくる。

先づ今生の安き事は、仁義貞廉《じんぎていれん》を全くして、身をつつがなく、少欲知足を学びて、心を安らかにすべし。

（この世で安穏であるためには、人との絆、清廉を尽くし、身体をつつがなく、少欲で満足し、心を安らかにすべきである）

というものである。さらに続けて、

世界の人の楽と思へる事を、能《よ》く能く思ひ解けば、顛倒《てんどう》の心にて、苦を楽と思ふなり。

ともいい、世の中の人が楽と思うことは仏の世界からみると苦であるが、それを楽と思い込ん

でいるという。ちなみに「楽」とは、教義書の『大毘婆沙論《だいびばしゃろん》』によると、

四種の楽とは、一に出家楽、二に遠離楽、三に寂静《じゃくじょう》楽、四に菩提楽なり。

と、出家、俗世間からの遠離、静寂、悟りの四つとする。さらに『沙石集』では、次のようにいう。

経に云はく、「知足の人は、地上に臥せども安楽なり。不知足の者は、天堂に処すといへども心に叶はず。知足の人は、貧しといへども富めり。不知足の人は、富めりといへども貧し」。

（わずかなもので満足している人はこの世の中で寝ているときであろうと安楽であるが、満足できない人は願いが叶って天の世界にいようともやはり満足することがなく、心は貧しい）

さらにこうもいう。

古人云はく、「財多ければ身を害し、名高ければ神を害す」と云へり。
（昔の人はいう、財産が多ければ身を損ない、名声が高ければ心を蝕むと）

これと酷似する内容は、よく知られた『徒然草』の第三十八段にも認められる。

財多ければ身を守るにまどし。害を買《か》ひ、累を招く媒《なかだち》なり。
（多財であると自分を守るうえで煩いが多い。危難に遭遇し、連鎖を招く引き金となる）

先の『沙石集』が「経に云はく」として引用した経典の文章は、ちょうど『遺教経《ゆいきょうぎょう》』の次の文に対応する。

知足のひとは地上に臥すと雖《いえど》も、猶《なお》、安楽となす。不知足の者は天堂に処すと雖もまた意に称《かな》はず。

この『遺教経』というのは、今でも真言宗などで通夜に際し、その一節か全巻を読むことがみられる。わかりやすく現代語訳にして出版している寺まである。もっともこの経典はインド原典が存在せず、その内容からみて中国で作られた経典といえようが、骨格はインドの教えそのものといっていい。

もとより原始経典（『中《ちゅう》阿《あ》含経《ごんぎょう》』）でも、欲にきりがない人は、天の世界からすばらしい宝を雨のように降らせても満足しないという。欲はひっきょう苦であって楽ではなく、現実の社会でも金銀、財宝がいくらあろうとこれでいいという達成感はない、あればあるほどいいということである。

「少欲知足」ということは最初期の経典『スッタニパータ』にも次のようにある。

在家とも、出家とも交わらず、住居なく遍歴し、少欲な者、それがバラモンである、と私は言う。

ここでいうバラモンとはバラモン教でいうバラモンではなく、「真の修行者」の意味で、真の修行者は、「少欲知足」であれというのである。

あるいはまた、『スッタニパータ』では、無欲とともに説かれることもある。

空腹、節食、少欲をむねとし、貪るな。欲望をすてるとき、無欲となって、ネハンの境地に入る（渡辺照宏訳）。

修行体系に組み込まれた「少欲知足」

原始仏教以後のアビダルマ仏教[*1]の時代になると、「少欲知足」の概念が修行理論の中に組み込まれるようになる。もっとももその当初から組み込まれていたわけではなく、初期の理論書『集《しゅう》異門足論《いもんそくろん》』ではいまだに概念規定に主眼が置かれている。

「少欲論」とは、謂《い》わく、此の正論は能く正しく多欲の過患と少欲の功徳とを顕了するが故に、「少欲論」と名《なづ》く。

（少欲の教えとは、この正しい教えはまさしく欲望過多には、苦しみ多く、少欲は功徳となることを明らかにする、これが少欲の教えである）

「喜足（知足をいう）論」とは、謂わく、此の正論は能く正しく不喜足の過患と、喜足の功徳とを顕了するが故に、「喜足論」と名く。

（満足の教えとは、この正しい教えはまさしく不満足からくる煩い、足るを知れば功徳となることを明らかにする、これが喜足の教えである）

ここでいう「少欲論」の「論」とは、「教え」というほどの意味である。このようにまず概念規定され、以後、中期以後の理論書になって「少欲知足」が修行体系の中に位置づけられた。特に理論書の中でもっとも整った『倶舎論《くしゃろん》』の前段階に位置する『阿毘曇心論《あびどんしんろん》』（『阿毘曇心論』は省略して『心論』と呼ぶ）では、その修行理論を説いた一章「賢聖品」において、「三賢《さんげん》」*2（これは五停心観《ごじょうしんかん》、別相念住、総相念住をいう）から修行道がはじまる。それが『倶舎論』になると、「三賢」の前に新たに「三因」が加わる。「三因」は修行をするためのいわば三つの心構えであるが、「身心遠離」、「少欲知足」、「四聖種《ししょうしゅ》」をいう。

「身心遠離」は身も心も人びとから離れ一人となって修行すべきということ、「四聖種」は衣食住の三つと瞑想（「断修」）の四つをいう。こうして身心遠離、少欲知足、四聖種の三つが、修行理論においてはっきり位置づけられた。むろん三つとも本格的な修行の前段階のものゆえ、身の周りの整理、心を鎮める程度のことである。ただ中期、後期の理論書『大毘婆沙論』や『順正理論』になると、少欲知足と四聖種との違いが細かく規定されていく。

とりわけ四聖種の四つめの「断修」は瞑想を意味する。衣食住に関する規定は少欲知足と合致するものの、「断修」と少欲知足は合致しない。というのは、この「断修」は瞑想と禁欲を意味するからという。少欲知足は「少し」とはいえ結局欲を認めるものであり、その点で四聖種の教えと合致しないとされる。

アビダルマの理論書では細かい議論が果てしなく続く。しかしそれによって厳密な概念規定がされていったのである。

少欲の範囲

少欲知足というものの、どこまでを「少欲」というのだろうか。

衣類に関しては、寒暑、風雨、虻《あぶ》・蚊を防ぎ、陰部を覆うためだけに着用すべきである。これが少欲に叶うとする。

食べ物に関しては、身体の維持、保養、障害を防ぎ、梵行を助けるためだけ。

床坐（坐処に敷くもの）は、寒暑、風雨、虻、蚊、蛇などから身を護り、時節の災厄を除き、静坐を得るためだけ。

薬に関しては、病苦を防ぎ、離苦のためだけ。

このうち衣に関連して、裸体も少欲知足であろうという見解がみられる。しかしブッダは、裸体は身体をさらすことになり、恥ずべきところは覆うべきと示した。ブッダは、ジャイナ教徒のような裸体主義者とは一線を画したのである。

仏典には裸体をめぐる仏教とジャイナ教との対比がみられる。ジャイナ教では魂の上に肉体という衣を着ているから、それ以上着る必要はないという。これに反しブッダは、裸体は羞恥心がない、醜い部分を隠すべきだとする。ブッダにはこうした倫理感があったことになる。

ジャイナ教の修行僧、とりわけ裸行派が集まると、全員が全裸である。しかしながら仏教では着衣、それも「三衣《さんね》」（三枚の衣）であることが、少欲知足の立場とする。

仏教の修行僧が裸でいたために在家者から失笑をかったということが、戒律書の中に出てくる。裸でいたために在家信者からジャイナ教徒と間違われて、せっかく信者が布施にきたのに、ジャイナ教徒にあげる予定ではないと帰ってしまったというものである。

たとえば修行僧たちが修行中に盗賊にあって着ている物を取られてしまった場合には、木の葉で陰部を隠すか、あるいは手で下腹部を隠すべきであるという。

インドでも後世の成立である経に『諸法集要経』というのがある。これは多様な経典から主要内容を抜粋して集めたものである。その中に、

善法の衣を著せざれば、裸形の醜悪なるが如く、後に地獄の中に堕し、種々の治罰を受けん。

（よき教えという衣を纏わなければ裸体という醜い姿であるように、後世、地獄に堕ち、さまざま

な罰を受けるであろう）

とある。法にかなうように衣を着なければならない。裸でいることは醜い、裸体でいるといずれは地獄に堕ちて罰を受けるというように、厳しい内容となっていった。

なお食べ物に関しては、あくまでも第一に体を維持すること。体を維持しなければ悟りに到達することは不可能である。ただしその際、食べる量を知るべきである、多すぎてもいけない、それが少欲知足である。この点もジャイナ教徒は無所有の考え方が徹底しているため、食べない。それが悟りに達する方法ゆえ、ジャイナ教では食べずに餓死するのが崇高な悟りだと賞賛されている。ジャイナ教開祖のマハービーラやその後の六代目までの高僧は皆、絶食で亡くなり、崇高な解脱者と称讃されている。しかし仏教では絶食によって死ぬのは単なる飢え死にでしかなく、悟りとは無縁とみるのである。

苦行の中止とミルク粥

ブッダは六年間（古い伝承では七年）、修行を続けた。しかし苦しい修行は悟りのためには何ら益がないと、中止した。中止したあと、村の娘スジャーターから食べ物をもらう。何をもらったかというと、仏典の多くはミルク粥（『仏本行集経《ぶつほんぎょうじっきょう》』だけは羊の乳とする）とする（スジャータ―からもらったというミルク粥は、今でいうカレーにミルクが入ったものではないかといわれている）。ブッダはこれを飲んで、益のない苦しい修行から一転して体と精神ともに気力が充実したという。

馬鳴《めみょう》（八〇―一五〇年頃の僧）が書いた『ブッダチャリタ』というブッダの伝記によると、ミルク粥を飲んだブッダは「輝き」と「力強さ」を得たとある。『普曜経』という伝記では「身遂に充満し、容色光々たり」「其の身、気力充つ」とされる。

こうしたミルク粥を施すことには「パーリ律」によると次のような功徳があるとされる。

　粥を施す者は長寿となり、美貌が生じ、安楽が生じ、力が生じ、知性が生じ、粥を飲めば飢えがなく、渇きを除き、風を順調にし、腹を浄め、消化を助ける。

長寿、美貌、安楽、力などの十種の功徳があるとされる。これについては日本の臨済宗の祖栄西《えいさい》（一一四一―一二一五年）が、出家者のために基本的な教えを説いた短い書物の『出家大綱』に、粥に十利有り、行ずる人を饒益《にょうやく》し、果報無辺にして、常に楽を究意す。

（粥には十種類の功徳がある、食べる人に利益を与え、効果は限りなく、常に安楽である）

とあり、粥には十種類の功徳があると説く。これは、「パーリ律」の記述とちょうど対応している。

ブッダはこうしてミルク粥により心身ともに気力が充実したとされる。牧女スジャーターがブッダに提供した食物はすでに述べたように、ミルク粥（もしくは羊の乳）である。それ以上の別の食物を持参したとする伝承は存在しない。しかしたとえ別の食物があったとしても、ブッダの摂った食物はミルク粥だけであったはずである。

すなわち苦行後、ブッダは豪華な食事を摂ることはなかった。この時点ですでにブッダは少欲知足を実践したと思われる。ミルク粥だけで十分であり、それがのちに十種類の功徳があるといわれるようになったのである。

ところがブッダと一緒に修行していた五人の仲間は、ブッダが苦行をやめ食物を摂ったために、贅沢になって堕落したと判断し、立ち去ってしまう。ヒンドゥー教では、苦行を継続し続けることがバラモンたるゆえんとされる。この点は、苦行と学問と生まれ、これバラモンたるゆえんであり、この三徳を具えてバラモンとなる（原実訳）。

と、インドの国民的な叙事詩『マハーバーラタ』の中にあるほどである。

五人の修行仲間はブッダが苦行をやめてしまったため、悟りに達することはないと非難したが、『大毘婆沙論』によれば、苦行を中止し、あらゆるものから解き放たれた、つまりそれが悟りであったのである。ブッダの悟った内容はいろいろと説かれるが、苦行の無意味さがわかったことそれ自体が、悟りだというのである。ブッダは極端な修行と極端な快楽はともに悟りを求めるうえで無益であるとし、その中間、すなわち「中道《ちゅうどう》」を説いた。

「中道」と「少欲知足」

両極端を離れる「中道」を欲望に関していえば、多欲と禁欲を離れ、ひっきょう「少欲知足」ということになる。ブッダの教えには何も所有しない「無所有」という考え方もあった。ジャイナ教ではこれをずっと順守していた。しかしこうしてみると、ブッダは「無所有」という考え方を結局とらず、「少欲知足」を「中道」とし、「無所有」は極端な考え方となっていった。

こうして「少欲知足」、そして「中道」こそが仏教徒のあり方として相応しいものとなったと思われる。

このように、「中道」とは両極端の中間を意味し、その「中道」を「少欲知足」と明白に定義することは、のちの『大智度論』あるいは「頭陀《ずだ》」を主題とした『十二頭陀経』に認めることができる。

＊1アビダルマ仏教　ブッダの死後百年から数百年の間の仏教をいう。部派仏教ともいい、分裂以前の仏教を「初期仏教」または「原始仏教」という。

＊2三賢　解脱をもたらすはたらきのある、有漏《うろ》の善根を修める三つの修行段階のこと。

第二章　衣と鉢

戒律書における規定

仏教の教団では時代が経つにつれ、いろいろな物を所有しはじめるが、当初、最低限の物として所持を許された物は「三衣一鉢《さんねいっぱつ》」だけである。これは内衣、普段着、外出着という三枚の衣と一つの鉢を意味する。それをまとめて「三衣一鉢」という。

三衣一鉢については戒律書（『五分律』）ではっきり規定されている。

比丘《びく》は応《まさ》に三衣、鉢と倶《とも》なるべきこと、譬《たと》えば鳥飛ぶに毛羽自ら随うが如くなり。

（修行僧は三衣と一つの鉢であるべきことは、ちょうど飛ぶ鳥に翼があるようなものである）

師匠は弟子が出家しようとする際に、衣は三枚であること、衣の着け方、鉢の扱い方を正確に弟子に教えるべきという規定がある。在家のところへ托鉢に行く場合も、三衣で行くべきであるという。道中でそのうち一枚でもなくしてしまったなら、そのままで在家のところへ行ってはならないという規定まである。

いろいろな出来事や事件からも、この点を知ることができる。たとえば、衣を欲張って多く持つ修行僧がいた。それを知ったブッダが、三衣だけで十分であり、寒さ暑さを防ぐのはもちろん、蚊や虻《あぶ》に刺されることはないと諭している。

食事の前と後で衣を着替える修行僧がいた。しかし、ほかの規律正しい修行仲間が三衣で十分であるとその修行僧を非難した。鳥が不要な羽を持たないように、修行僧も三枚以外は不要というのである。

また、ある修行僧は村へ入るとき、あるいは出るときに衣を着替えていた。これももちろん不可であり、もし信者からの布施として多くの衣を入手したならば、ほかの修行僧に配分すべきであるという。このように、修行僧は三枚の衣だけであることから「三衣者」と呼ばれることがあった。

「鉢」に関しても同様である。ある修行僧がたくさんの鉢を所持していた。それを見た一般の人から、陶器の鉢の店でも開くつもりなのだろうかという非難の声があった。これはすでに一般人も、修行僧たるものは所有するのは一鉢だけと知っていたことを意味する。ブッダは、多くの鉢を持つと鉢の色や形に対する好悪という煩いが増える、だから一つとすべきであるという。

原始仏教の戒律をまとめた戒律書は多く残っている。しかしそれらはのちの部派仏教の要素を大幅に加味して整理された最終的な規定集であり、そこにはすでに僧院で多様な物を所有していたことが書かれている。それを見ると当時、三衣や鉢以外にいろいろな物を所有していたことは明らかである。衣に関しても綿、麻、絹など多彩な素材の衣を所有していたことはわかる。したがって現存する戒律書に最終的にまとめられた段階では、すでに「三衣一鉢」の精神は、理念だけであったことがうかがえる。

日本仏教にみる三衣一鉢

ただし、仏教史を通じて「三衣一鉢」の精神は死滅してしまったわけではない。日本仏教でも脈々と生きている。たとえば、道元《どうげん》禅師（一二〇〇－一二五三年）の『正法眼蔵随聞記《しょうぼうげんぞうずいもんき》』（これは弟子が筆記したもの）の中に、

一日僧来《きたり》て学道の用心《ようじん》を問ふ。
（ある日、一人の僧が来て修行するための用心、心構えを質問する）

とある。そうすると道元は、

次《つい》でに示して云く、学道の人は先須《まづすべから》く貧《ひん》なるべし。財おほければ必ず其の志《こころざし》を失ふ。

といっている。道を求める人はまず、何はさておき貧しくあれという。財宝が多ければ必ず志を失う。日々さまざまな物品で満足したままでいれば、高潔な目標に向かう精神はうせてしまう。志など吹っ飛んでしまう、という非常に重い言葉である。さらに続けて、

僧は三衣一鉢《さんねいっぱつ》の外は財宝をもたず、居処《きよしょ》を思はず、衣食《えじき》を貪《むさぼ》らざる間、一向《いっかう》に学道すれば分分《ぶんぶん》に皆得益《とくやく》あるなり。其のゆへは貧《ひん》なるが道《どう》に親《したし》きなり。

という。とりわけ修行僧というのは三衣一鉢のほかは財を持たず、住むべきところもあれこれと考えず、食べる物や着る物をいたずらに欲張らない。そして一向《ひたむき》に道を求めれば、その日その日が充実して過ごせるという。

道元と同じ鎌倉時代の人に無住《むじゅう》がいる。この人は臨済宗の僧であり、『沙石集《しゃせきしゅう》』を書き、その中でも三衣一鉢にふれている。

三衣一鉢ヲ身ニシタガヘテ、四海ヲ以テ家トシ、百姓《はくせい》ノ門ニ立《たち》テ頭陀《ずだ》ヲ行ズレバ、無尽《むじん》

ノ食《じき》アリ。広大ノ家アリ。寺舎《じしや》ハ我家《わが》ナリ。田園ハ悉《ことごと》ク我ガ食也。家アル時ハ、四海ニ家アラズ。田畠アル時ハ、諸国我分《わがぶん》に絶《たえ》タリ。

三衣一鉢であればひっきょう大海原が自分のものとなる。あらゆる人の前に立ち、禁欲行としての頭陀《*1ずだ》を行ずれば尽くしきれない食べ物があり、広大な家もあることになるのである。このように道元や無住も、三衣一鉢こそが修行僧のあるべき姿だといっている。

最低限の所有と生き方を説く教え

仏教には、修行僧のあるべき姿を説く教えとして「四補特伽羅《ぷどから》」、八正道《はっしょうどう》中の「正命《しょうみょう》」「四《し》聖種《しょうしゅ》」「四依《しえ》」「頭陀」という教えがある。

まず「四補特伽羅」(四種の生き物、生き方)とは、仏教徒、バラモン教徒、王侯貴族、ジャイナ教徒、地獄の獄卒、天人という空想上の生き物までもを含めた分類である。その中で仏教徒が所持し得る品として衣と鉢、つまり「三衣一鉢」と臥具とある。臥具とは瞑想や坐禅をする際、下に敷くシートのような物をいう。ここでは仏教徒の持ち物としてそれだけがあげられている。この時点でシートが加わっている。

八正道としての「正命」

「八正道」とはブッダの悟った内容といわれ、八種類の正しいあり方をいう。その中に「正命」があり、これは正しい生活を意味する。もっとも原始仏教経典では、八正道の個々について詳しく説くことはない。

「正命」に対して「邪命」がある。これは外道《げどう》（仏教以外の異教徒）のことをいうが、仏教徒として正しく生活するためには単に衣、食事、臥具と薬をあげている。衣はむろん三衣をいう。

四聖種

「四聖種」とは、衣食住に関する四種の正しい生活をいう。四種とは、衣、食物、臥具の三種のほかに、薬とするか瞑想（断修）とするかで、原始経典の中でも二通りの解釈がみられる。

部派仏教の時代は原始仏教の思想を体系化した時代でもある。その大部な理論書に『大毘婆《だいびば》沙論《しゃろん》』がある。その中で第四の聖種が薬か瞑想かの議論があり、薬ではなく瞑想だと解釈をしている。というのは、薬は病気になったときには必要であるが、常備薬としていつも持つ必要はないからだという。

四依

一方、「四依」の場合、衣、食、臥具の三種以外に薬を含ませている。これはインド仏教の文献でももっとも古いといわれる『スッタニパータ』に、

衣と施食《せじき》と薬と寝具との節度を知れ。これらのものに愛着するな。再生の原因を作るな。

とあることからも知ることができる。それは、修行中といえども、たえず毒虫、毒蛇、怪我などがあり得るから、というものである。

これら「四補特伽羅」「正命」「四聖種」「四依」の眼目はいずれも修行僧は最低限の物で生活せよということであるが、徐々に特例が許されていく。どういう特例かというと、たとえば「パーリ律」の大品《だいほん》に、

修行僧らよ、具足戒を授ける者が四依を説くことを許す、出家は托鉢による、このようにして命終るまで勤めるべきである。

とあるものの、食物に関する付則として特例で特別食、招待食、貼り札食、十五日食、布薩食、

月初日食が許されている。

次に衣類は、出家は糞掃衣《ふんぞうえ》によるとある。糞掃衣とは字のとおりに糞を拭ったような衣のことで、汚れたものを洗濯して着るべきことというのが基本である。このようにして命終わるまで勤めるべきであるとされるが、しかしこの場合も亜麻衣、綿衣、絹衣、毛衣、麻衣、破衣などが許されている。特に絹の衣は、インドのみならず中国、日本でも江戸時代に問題となった。蚕は生き物で、絹はそれを茹《ゆ》でて糸を採るので、殺生にあたるというのである。生き物を殺して衣にして着るのは出家者として不殺生戒にふれるという。しかし、一方で絹であろうとよい、という考え方もあった。なぜなら人として生きている以上、何がしかほかの生き物の命を奪って食べているのである。だから絹だけを不可とするのは、おかしいというのである。こうした食物、衣類に限らず、「四依」という修行僧のあり方を規定した教え全体がすでに初期仏教のころ改変され、緩和されていたことが知られる。

頭陀

「頭陀」は具体的に十二種に分類される。一つの例として『増一阿含経《ぞういつあごんぎょう》』（ここでは十一）をあげてみよう。

一、「阿練若《あらんにゃ》」、森に住むこと。

二、「乞食《こつじき》」、食べ物は托鉢に行って得たものを食べること。
三、「一処坐」（一坐一食ともいう）、これは一日一回の食事をいう。朝起きて昼までに一回托鉢して得たもの、もしくは森、園林に自生する草や根などを食べるのである。
四、「一時食《いちじじき》」（一食ともいう）、一回の食事の量を知ること。
五、「正中食《しょうちゅうじき》」、正午までに食事をすること。
六、「家を択《えら》ばずして食し」、托鉢に行くに際し、おいしくなかったり、少ししかくれない家には行かないというように、家を選ぶべきでなく、どこの家であろうと、布施で得たものを喜んで食べること。
七、「三衣」、これはいうまでもなく三枚の衣。
八、「樹下に坐す」、ブッダの修行、悟り、説法、入滅のいずれも木の下であったように、樹下での瞑想を説くもの。
九、「閑静《げんじょう》之処に露坐し」、外の静かなところでの瞑想、休息。
十、「補納衣《ほのうえ》」（五納衣ともいう）、使い古しの布、つまり糞掃衣をまとうこと。
十一、「塚間《ちょうけん》に在り」、墓、塚などで不浄を観察し修行すること。
頭陀とは、こうしたことを推奨するのである。

なお、頭陀に関してインド内部の理論書では詳しく分析することはないが、インドからセイロン（スリランカ）に渡ってきた偉大な仏教者、ブッダゴーサが五世紀ごろに著した理論書『清浄道論《しょうじょうどうろん》』には、詳しく説かれている。彼は、多くのパーリ語経典に注釈を著した人でもある。『清浄道論』には、三衣の功徳が次のように記されている。

三衣の修行僧は身体を保護する衣により満足し、彼は鳥に翼があるように、それを保って行き、世話することわずかで、他の衣を多く持っていればどうするかに気を煩うが、三枚であれば世話することわずかである。衣の蓄えを避ける。行程に非常に軽やかである。余分な衣への執着を絶つことができる。煩悩も抑制できる。少欲知足の目標も達成できる。

一つの鉢の規定についても、「第二の器を拒否するがゆえにただ一鉢のみにおける食事が鉢食である。いま鉢食を摂ることにおいて鉢食の想いをなして、鉢食が彼の習慣であるのを鉢食者という」とある。また一つの鉢という功徳については、「受者は適量を受け取るべきである。（略）次に（一鉢食支《いっぱつじきし》）の功徳がある。さまざまな味への執着の除去、あちこちでの（食）欲を断つこと、食に関して規定された量を知ること、小鉢などを携える煩いがない、取り散らかして食事することがなく、少欲に適った生活となる」とある。だから一つの鉢だけで充分だといえよう。

ところが『清浄道論』にも特例があげられている。坐る場所は木の下であったものが、柴の庵とか、人が捨てていった小屋でもよろしいという。敷物も当初は一枚のシートだったのが、ついに建物まで許される。その建物も粗末な掘っ立て小屋からだんだんと広壮な建物になる。それらが特例として許されていった。

何を食べてもどこに住んでもよいという特例がなぜ許されるようになったのか。食物に関しては、病気のときはよいという特例が、徐々に病気と宣言して許されていったのだろうと考えられる。建物も、修行僧が増加し、集団生活を営むうえで恒久的なものを容認するようになったと思われる。頭陀といえども本来は最低限の所有による生き方を説いたものであった。それが教団の実状に合わせるために改変されていったのであろう。

なお衣について「三衣」と規定されたのは教団の当初からでなく、いくらか後からと考えられる。というのは、原始経典にみられるブッダのどの行程をみても、

さて世尊は朝早く下衣を着け、鉢と上衣を執って、ヴェーサーリーに托鉢のために入って行かれた(『長部』経典「涅槃経」)。

とあるように、二衣だけの場合が多い。一つの鉢に関しても当初は食べる量を知るべきとされ、

一つの鉢に入るだけの量という規定はなく、あくまでも適量を知るべきということであったであろう。これが最初期のころの姿であったと思われる。それが次第に、「三衣一鉢」という理念に規定されていったのであろう。

＊1頭陀　僧が行く先々で食事を乞い、露宿などをする禁欲行。

第三章　香

ヒンドゥー教における香

墓に線香を供える、寺院でまず香を焚いてから仏事をはじめるというように、香はいまや仏教ときわめて馴染み深いものである。

香はバラモン教でも使用する。すでにヒンドゥー教[*1]の聖典「ウパニシャッド」にも天人たちが香水や抹香、花鬘《かずら》などを手に執《と》るという表現がみられる。

こうしたヒンドゥー教の天人の世界は、仏典からも知ることができる。四天王という天の世界はつねに蓮の香りがただよっているとか、三十三天の世界には池に蓮の花が咲き、その蓮から香りがただよっているとある。ただ蓮の花に香りがあるのかどうか疑問であるが、インド人は香るものととらえている。とりわけ青蓮には香りがあるとされる。

[*2]転輪聖王《てんりんじょうおう》という理想的な王は、七つの宝を保持するという。これには家来や象、女性という七宝《しっぽう》があるという。とりわけその女性の口からは青蓮華の香り、体からは栴檀《せんだん》の香りがするとされている。ここでも青い蓮の花が、特別に香りが豊かなものとして描かれている。大乗仏[*3]教になっても、大乗の菩薩は修行を積むと口から青蓮華の香り、身体からは栴檀の香りがするとされている。

体系化された仏典の『大毘婆沙論』をみると、三十三天の世界が詳しく描かれる。そこでは天女が舞い、鳥がさえずり、音楽が流れ、美味な食物や果物があふれている。そして花とともに香りの芬馥《ふんぷく》（香気が高い様子）たる世界、とある。『華厳経』でもインドラ神の天の世界、あるいはブッダがこの地上世界に降りてきたという兜率天《とそつてん》（そこはブッダの母親の摩耶夫人《まやぶにん》が亡くなったあと生天した世界でもあり、弥勒菩薩もそこから将来この地上世界に降りてくるとされる）、その兜率天には百万億の香りがただよっているという。『華厳経』でいう兜率天の記述の中で注目すべきは、

百万億の蓮華蔵の沈水香は大音声を出だし、（略）百億の能開悟香は普《あまね》く一切に遍じて其の聞く者をして諸根寂静《じゃくじょう》ならしむ。

と香りが音を発するという興味深い記述がある。この香りは人びとの心を清らかにするという。

戒こそ香である

さてブッダの基本的立場は、香は不要というものである。最低限所有し得るのは三衣一鉢だ

けなので、その中に香は含まれないし、原始経典（『長部』経典）には具体的に所有すべきでないものの中に、

沙門ゴータマは、（装飾、虚飾、粉飾のもとになる）花飾り、香料、塗香から離れている。

とあるように、香を所有しないというのがブッダの基本的な立場である。

ブッダは悟りを開き、あるとき故郷に戻った。そのとき父親の浄飯王《じょうぼんのう》と対談したという記述が仏典に認められ、その中に香を主題とした一節がある。比較的わかりやすい『根本説一切有《こんぽんせついっさいう》部毘奈耶破僧事《ぶびなやはそうじ》』という戒律書によれば、

以前、そなたは身体に黄褐色の白檀を塗り、極上のカーシー（ベナレス）産の織物を着て身を飾っていた。勇者よ、（今は）それらはなく、身を飾ることがない。

と問う。ここでいう勇者とはブッダのことである。するとブッダは、

戒という最勝の装飾をつけ、戒という香を塗っています。私にとって陶酔を生む黄金と

真珠の腕輪は何であろうか。

と答えている。この対談でブッダは戒が香であると説いており、言い換えれば、戒を守っているから香など不要というのである。仏典によっては、たとえば『方広大荘厳経《ほうこうだいしょうごんきょう》』では、

戒・定《じょう》・慧《え》・解脱あり、道徳以て香と為す。十方の八難の処も、普く熏じて至らざる無し。

（戒《いま》しめ、瞑想、知慧、解脱というものがある、功徳という香は諸方にある八種にわたる困難な場所といえども薫らないところはない）

とある。これは戒以外に、定・慧・解脱までを香と解したものである。いずれにしても、物としての香など不要というわけである。

このように戒が香であるという考え方はブッダの言葉を収録した『法句経《ほっくきょう》』の「花の章」（五四偈から五六偈）にも認められる。

花の薫りは風に逆らって進まない。栴檀もタガラの花もジャスミンもみなそうである。

しかし良き人びとの薫りは、風に逆らっても進んでいく。良き人はすべての方角に薫る。

栴檀、タガラ、あるいは青蓮華、ヴァッシキー、これら薫りのあるもののうちで、戒の薫りは最上である。

タガラ、栴檀の薫りは微かで、大したことはない。しかし戒を保つ人びとの薫りは最上で、天の神々の間にまで薫る（中村元訳）。

ここでも青い蓮には香りがあるといい、花の香りは風が吹いた方向にしか匂わない。これに対し戒を保つ人は風が吹こうとあらゆるところに香るという。

ところで「戒」の原語は「シーラ」である。一般的には「戒」と訳される。しかし玄奘《げんじょう》（六〇二—六六四年、求法の旅の末『大唐西域記』を著す）は「功徳」と訳すことがあり、あるいは『那先比丘経《なせんびくきょう》』では「孝順」とも訳される。こうした訳例から知られるようにシーラは「徳」をも意味する。イギリスを代表するパーリ語学者K・R・ノーマン、ドイツの仏教学者ヴァルトシュミットのいずれも「シーラ」を「徳」と訳している。このように、戒が薫るとは徳が薫るということである。

戒を保つことが香であるという考え方はインドのみならず、セイロン（スリランカ）で五世紀中頃に書かれたブッダゴーサの『清浄道論』に、あの雨雲を持つ風も、また黄金の栴檀も、ネックレスもさまざまな宝珠も、映える月光も、この世の衆生が固く護る患《わず》らいを鎮《しず》めることはできない。それをこの究極で清涼で聖なる戒がよく鎮める。順風であろうと逆風であろうと、等しく薫るかの戒香に等しい香などどこにあろうか。

と伝えられ、あるいはまた、

戒の体得によって修行僧は苦行林で輝き、光の体得によって月が天空に（輝く）ように輝く。戒を保つ修行僧の身体の香は神々たちさえ悦ばせる。まして戒の香はなおさらである。あらゆるさまざまな香よりもすぐれ、隔てなき戒の香はじつに十方に芳ばしい。

と、戒という香は苦行林の中ばかりでなく、十方に香るとする。

戒律書にみる香の使用

部派仏教の戒律書でも、いずれも香あるいは花鬘（花飾り）は修行僧にふさわしくないと規定される。したがって尼僧のアクセサリーも化粧もむろんふさわしくない。この点は『四分律《しぶんりつ》』に、

若《も》し比丘尼、婦女の荘厳《しょうごん》を作《な》し、香を身に塗摩するは波逸提《はいつだい》なり。
（もしも尼僧が一般婦人のように身を飾り、香を身体に塗れば、やはり軽い罪となる）

とある。これは懺悔《さんげ》すればすぐに許されるという、軽い罪の一つである。ただしこの場合も例外を認めていた。皮膚病にかかった修行僧が現れ、香を塗っていいという許可がなされる。塗香という体に香を塗る行為は、古来インドでは熱を冷ます効能があるという。またインド特有の香の扱いとして、寒いときは沈香水、暑いときは栴檀香水を塗ると効能があるという。

戒という語そのものに、清らかで涼しいという意味があるという仏典もある。『大毘婆沙論』に、

尸羅《しら》と言うは、是れ清涼の義にして、謂わく、悪は能く身心をして熱悩ならしむも、戒は能く安適ならしむるが故に清涼と曰う。

（戒というのは清く涼しいという意味であり、いうなれば悪は身も心も混乱させる、しかし戒は安らかで快適にするために清く涼しいというのである）

とある。悪は体と心を熱くする、しかし戒を保持していれば、本来の語義どおり体を清らかで涼やかにすると解釈している。

香使用の実状

ところでブッダは、たとえば継母マハーパジャーパティーの葬儀に際して、香供養をしたという記述が『増一阿含経』に認められる。

あるいはインドには、供養塔としてのストゥーパがある。ストゥーパは仏教独特のものではなく、バラモン教でもジャイナ教にも存在するゆえ、人びとはそこに香を供えた。これもインド一般の習慣である。そこでブッダ自身も供養の一つとして香を供えたり、在家者たちが香や花を供えることは容認していった。

『アヴァダーナシャタカ』や『百縁経《ひゃくえんきょう》』によれば、仏塔に花や香を供えると、天の世界に生まれることができるとされる。ある在家の女性がブッダの足に香を塗っただけでもすぐれた功徳があり、その女性は死後天の世界に生まれることができた。あるいは悟りに達することができた者もいると伝えられている。仏教本来の立場からいえば、天に生まれるというのは本来のあり方ではないが、多くの人たちに死後、当時のヒンドゥー教の来世観に従って生天すると説いていたことは事実である。

この点は修行僧といえどもバラモン教の説く最高のすばらしい天の世界に行ってみたい、一回生まれてみたいという願望があったことは、仏典に散見される。しかしながら最終的には悟りの境地に達するべきだとされる。

布施としての香

在家者たちは僧院にやってきて修行僧たちに食物だけでなく、衣類などさまざまな物を布施した。その中には香もあり、修行僧たちがそれを受け取ることが起こってくる。

布施として差し出された物は一切拒否すべきでないというのが、インド社会の鉄則である。

なぜなら布施者は布施という行為によって功徳が積めるゆえに、受理しなければ布施者は功徳を積めないからである。現代のインドでは、飛行場でも町でも大勢の人がいて、手をさし出してくる。彼らにとってはもらうことが当然で、布施をした人が功徳を積めるからである。こうしてブッダも修行僧たちも、在家の人たちが供養として持ってきた香を受け容れることになった。

では、修行僧や僧院側では受け取った香をどう取り扱ったのか。僧院内を清めるために水の中に入れて「香水」にしたり、「香炉」に入れて「香を焚く」ということが徐々にはじまった。こうしてついに、僧院あるいは修行僧による香の使用が、日常的になっていった。

香りただよう大乗世界

大乗仏教になると、どの大乗経典でも仏の世界は香気芬馥の世界として描かれる。『般若経』であれ『法華経』であれ『無量寿経』であれ、それぞれの仏の世界は香りの世界である。

たとえば『無量寿経』をみると、阿弥陀仏は仏の位に達する前の法蔵《ほうぞう》菩薩のときに、四十八種類の誓いを立てる。その誓いが成就しないかぎり仏にならないと固い約束をし、その四十八願が達成された結果、阿弥陀仏になったとされる。その四十八種類の誓いの一つに、「国土厳飾の願」というのがある。
もしも、世尊よ、わたくしが覚りを得たときに、かしこの仏国土において、地面より虚空にいたるまで、神々と人間との境域を超えた、如来と菩薩の供養にふさわしい、すぐれた薫香が、一切の宝石から造られた種々の芳香ある十万もの香炉の中で、常にかおっていないようであるならば、その間は、わたくしは無上なる正等覚《しょうとうがく》をさとりません（藤田宏達訳）。

阿弥陀仏は悟りを開いたわけであるから極楽世界は十万もの香炉に満ち、そこから香りがただよう世界である。
『華厳経』の説く毘盧遮那仏《びるしゃなぶつ》のまします蓮華蔵世界（蓮華から生まれた浄土）では、香りが大きな川となって流れているという。そこには、
清浄の香流は大河に満つ。
（清らかな香りの流れは大河となって満ちていく）

とあり、清らかな香の流れが大きな河となって満ちているという。あるいは『華厳経』「入法界《にゅうほっかい》品《ぼん》」には、香を塗れば香には心を静める役割ばかりでなく、

善男子よ、（さらにまた）マラヤ（摩羅耶）山から産する牛頭《ごず》という名の栴檀（香）がある。それを身に塗った者は火坑に落ちても焼かれることはない。

と、火の穴に落ちても焼かれることがないとか、さらに、

善男子よ、海辺に産する不能勝という名の香料がある。それが塗られた太鼓や螺貝の音によって敵の全軍は敗けてしまう。

とある。『法華経』の「観世音菩薩普門品」（俗にいう「観音経」）には、観音の名前を唱えれば、盗賊に会おうと崖っぷちにいようと、あるいは火の中に落とされようと必ず救われるという教えがある。『華厳経』「入法界品」によれば、香にも同様の威力があるというのである。

このように大乗経典の説く世界は香で溢れ、しかも経典によっては功徳絶大なことが強調されるようになる。いずれも従来の伝統的仏教にみられなかった新展開である。

大乗における戒としての香

では戒を香とするブッダの当初の理念は、大乗仏教以後、消滅してしまったのかというと、そうではない。この点も『華厳経』「離世間品」に、

浄戒を塗香と為し、慚愧の衣普《あまね》く覆う。
（清らかな戒を身に塗る香と思い、罪を恥じらう衣で全身を覆う）

とあり、また、

菩薩の浄戒の香は　堅持して欠犯無く　菩薩の智の塗香は　普く三界に薫ず
（菩薩が保つ清らかな戒という香は、しっかり保てば過ちがなく、菩薩の智慧という塗香はあまねく世の中全体に薫っていくのである）

とある。いずれも戒が香に代わるものであり、戒を保つならば過ちがなく、智慧という香は三

界、つまり全世界に香るというものである。

『華厳経』では大乗仏教でいう六波羅蜜とか、菩提といった実践徳目を体得することが香であると説くこともみられる。施香・戒香・忍香・精進香・定香・慧香、これは布施・持戒・忍辱《にんにく》・精進・禅定・智慧という六波羅蜜のそれぞれが、全部香として香るというもの。それぞれが香として、実際に香を使わなくても香るという教えである。

中国・日本仏教と香

中国には、インドの原始仏教も大乗仏教も同時に伝播してきた。インドの仏教が歴史順にそのまま中国に伝播したわけではなく、原始経典も大乗経典も並行して中国に入ってきた。そのため香についても、中国仏教では最初から使用されていた。

たとえば、唐代の律宗の道宣《どうせん》(五九六—六六七年)は道場内の作法で、香炉を手に執《と》るということを当然のごとく規定している。

日本でも法然上人(一一三三—一二一二年)は『百四十五箇條問答』の中で、仏前では必ず香を焚くべきであるが、いろいろな香を趣味のように蒐集するのは不可と言っている。道元禅師(一二〇〇—一二五三年)は、心と体の穢れを取り除くには塗香がよく、生活臭を消すにも香が役立つと説いている。

では中国・日本の仏教には、ブッダの戒こそが香であるいう当初の理念は伝わらなかったのかというと、そうではない。中国浄土教の僧、善導《ぜんどう》（六一三―六八一年）が詩の形式で書いた『法事讃』の一節には次のようにある。これは日本の浄土宗の日常勤行式《ごんぎょうしき》で最初に読誦《どくじゅ》するものである。

願我身浄如香爐　願我心如智慧火　念念焚焼戒定香　供養十方三世仏

（自分の身体は香炉のように清らかであるよう願い、心は知慧という炎のごときを願い、一瞬一瞬に戒めと集中という香を焚き、過去、現在、未来にわたってあらゆる処にまします仏に帰依いたします）

これは一見、香を焚いて体を清めるかのように読めるが、香炉や火、香というのはいずれも比喩であり、我が身を香のごとく清らかにすべきだというもの。「念念焚焼戒定香」というのも常に戒と定（精神集中）を香を焚くかのごとく我が身を保つべきだ、ということである。

戒を香ととらえる考え方は、日本の文芸にも出てくる。平安時代末期の歌謡集である『梁塵《りょうじん》秘抄《ひしょう》』（後白河法皇編）「釈文歌」には、忍辱衣《にんにくえ》を身に着ければ、戒香涼しく身に匂ひ、弘誓瓔珞《くぜいようらく》懸《か》けつれば、五智の光ぞ輝ける。

（忍耐という衣を着れば、戒という香が涼しく身体に香り、誓いというアクセサリーを着ければ、五種類の智慧が光り輝く）

とあり、戒を保てばそれが香るという。類似の文章は平安時代の歴史物語である『栄花物語』の中にも、

忍辱の衣を身に着つれば、戒香の匂にしみ薫りて、弘誓の瓔珞身に懸けつれば、五智の光輝けり。

（忍耐という衣を着れば、戒という香りが身体に染み込み、誓いというアクセサリーを身に着ければ、五種類の智慧が光り輝く）

とあり、文脈は『梁塵秘抄』とほとんど同じである。

このように、当初の戒が香であるという教えは仏教史上、決して消滅してしまったわけではなく、インドでは大乗仏教でも、中国・日本の仏教でも地下水脈のように、一つの流れとして

生きている。

ブッダは戒を保っていればひっきょう戒、語義からいえば徳が香る、と説いたのである。これがブッダの本来の教えであって、現在では仏教で香を使用することは普通であるが、香は不要としたのである。

＊1ヒンドゥー教　バラモン教の聖典や身分制度を引き継ぎ、それに土着の神々や崇拝様式を吸収して形成された多神教。インドやネパールで多数派を占める。

＊2転輪聖王　古代インドにおける理想的な王を指す概念。地上をダルマ（法）によって統治し、王に求められるすべての条件を備えるという。

＊3大乗仏教　多くの人を乗せる広大な乗り物という意味。一切の人びとを救うことをめざす仏教。

第四章　香炉

父王・浄飯王の葬儀

ブッダは香炉（図1、図2）を手に執《と》ることがあったろうか。結論からいうと、ブッダが率先して香炉を自分で使用するようなことはなかった。もっとも仏典によっては、ブッダが香炉を手に執ったという記述がみられる。それは『浄飯王般涅《はつね》槃経《はんぎょう》』という、ブッダの父親・浄飯《じょうぼん》王《のう》の晩年を描いた経典においてである。

それによると、浄飯王が亡くなる直前にブッダはそこにはせ参じたというのである。この話は中国で書かれたブッダ、仏弟子、親族などの伝記である『釈迦譜』、日本でも『今昔物語』に採用されている。『浄飯王般涅槃経』のいう一件は次のものである。

図１　香炉

図２　柄付香炉

　爾の時世尊、威光益々顕われ、万の日の並ぶが如し。如来躬《みずか》ら手に香炉を執り、喪前に在って行き、出でて葬所に詣る。

（その時、世尊の威光ますますはっきりし、多数の太陽が並んだかのようである。世尊は自身で香炉を手に執り、

棺の前を先導しつつ、斎場に向かった）

ここで「如来躬ら手に香炉を執り」とあるように、ブッダ自身が浄飯王の棺の前を香炉を執って先導し、葬るところに至ったというのである。

ところで浄飯王はもともと宮殿に住んでいた。そこにブッダが父の臨終間際にはるか遠くから駆けつけたという。しかしこれは史実とは思われない。この経典は原典が存在せず、インドのほかの仏典に引用されることもなく、インド仏典としたなら、王の息遣いまで描かれ、その描写が仏典としては細密すぎるからである。『浄飯王般涅槃経』の主題はブッダが父王に対していかに孝を尽くしたかであり、「孝」を重視する中国思想に適応するように作成された可能性がきわめて濃厚である。また戒が香であるというのが、ブッダのたてまえであった。部派仏教時代の戒律書には香炉の存在がみられるのも確かである。しかしながら、香不要をたてまえとするブッダが率先して香炉を手に執るようなことはなかったであろう。

バラモン教にみる香

他方、インド一般では香も香炉も使用されていた。特にバラモン教の場合は、人の誕生、結婚、死、旅立ちに際し、バラモンを呼んでいろいろな儀式をすることが規定されている。そのことはバラモン教の文献に詳しく説かれている。とりわけ葬儀に関しては辻直四郎氏（一八九九－一九七九年、古代インド学者・言語学者）が「古代インドの葬送儀式」（『法華文化研究』二）という論文を書いており、バラモン教の葬儀が詳しく紹介されている。そこには、葬儀の行列の先頭に、夫が亡くなった場合は妻が先導するとあるだけで、香炉を執って進むとされていない。しかしバラモンは香炉を手に執ることがあったのかもしれない。

ブッダ自身、修行僧は三衣一鉢、つまり三種類の衣と一つの鉢だけで、それ以外の物は不要ということを基本とした。香に代わるものが戒であり、それを順守するのが本来のあり方だというのである。

初期仏教時代の実状

原始経典に『戒香経《かいこうきょう》』という、戒が香にあたることを説いた短い経典がある。さらに戒律書でも、修行者が香を使用することを禁じている。

しかし香炉そのものはインド一般で王侯やバラモンたちが使っていたから、ブッダの時代であろうと、バラモンたちは香炉を使用していたと思われる。そのことはたとえば『雑阿含経』

によると、アショーカ王[*1]が修行僧に供養するときに高い建物に上って合図する際、香炉でしたとある。

『増一阿含経』でも、バラモン教の神が修行僧たちに対して食事の供養をする際、集合の合図にやはり香炉を執ったという。

戒律書（『四分律』）によれば、すでに修行僧たちはいろいろな物を所持し、香炉も僧院の中で使用していたと記している。修行僧同士で口論することもあったのか、相手を手や石、杖で叩くとあるが、ただし香炉の取っ手で相手を叩いてはいけないとされる。これらも僧院内で、明らかに香炉を使用していたことを示している。

『摩訶僧祇律《まかそうぎりつ》』では、香炉を金銀、瑠璃《るり》、頗梨《はり》（水晶）など高価な材質で作ったため、ブッダから叱責されたとある。

大乗仏教と香炉

大乗経典の描く仏の世界は、香気芬馥《ふんぷく》たる世界である。仏の世界は花や花飾り、香などで飾り立てるべきであることがどの大乗経典にも説かれている。たとえば『法華経』には、値段もつけられないほどの香をたく幾千もの宝玉製の香炉が、あまねくひとりでに動きまわった。

とあり、香炉は人が持参するか設置するのが一般であるが、自動的に回転するとされる。四世紀頃成立した大乗経典の『金光明経《こんこうみょうきょう》』になると、一人の王が香炉を手に執り『金光明経』という経典そのものを供養したという。大乗仏教ではそれ以前の仏教と異なり、経典そのものを崇拝するのが特色である。この『金光明経』「四天王品」には、

是の諸の人王、手に香炉を擎《ささ》げて経を供養する時。

（多くの王たちが手に香炉を執って経典を供養する時に）

ともある。お経を香炉でもって供養する、というのである。なお、

諸仏世尊、是の妙香を聞く。

（諸仏がこの香を嗅いだ）

ともいう。「お香を聞く」ということを香道では「聞香《もんこう》」と言っている。耳慣れない表現であるが、「聞」には「かぐ」という読み方があるためである。

同じく大乗経典の『無量寿経』でも、法蔵菩薩が悟りを開く場合、十万もの香炉で極楽世界が薫らないなら私は悟りを開きません、と誓う。その後、阿弥陀仏として悟りを開いたわけであるから、極楽浄土という理想世界は香炉が十万もあり、それが常に香る世界ということになる。もっとも香りを嗅ぎたくない人は嗅がなくてもよい、それは自由という付則がある。芳しい香りでも嗜好により、年中嗅いでいたら居ても立ってもいられなくなるからであろう。

中国仏教と香炉

中国には原始仏教と大乗仏教の経典が同時に伝わったので、最初から香炉を用いている。おそらく、中国に仏教が伝わったころから香炉は用いられていたに違いない。

文献のうえでは中国に来た勒那《ろくな》というインド人の伝記に「都講《ずこう》、香火、維那《いな》、梵唄《ぼんばい》（声明《しょうみょう》の一種）」とある。都講と維那は道場での役割を示し、都講役が香を焚いたとされる。

中国浄土教の最初の人といわれる曇鸞《どんらん》（四七六―五四二年）は当初道教を信仰しており、その後に浄土教に帰依した。この曇鸞の伝記が『続高僧伝』の中にみられるが、臨終のとき次のように香が立ちこめたとある。

香気蓬勃《ほうぼつ》して音声《おんじょう》繁閙《はんどう》なり。
（香りが立ち上り声が喧《やかま》しくなった）

ところがその後唐代の浄土教の僧、迦才《かざい》（―六四八年―）は、曇鸞の臨終の場面を次のようにいう。

法師（曇鸞）沐浴して新浄の衣を著す、手に香爐を執り正しく西に向いて坐す。
（曇鸞は身体を洗ってから新しい衣を着、手に香炉を執り、まっすぐ西を向いて坐った）

『続高僧伝』には香が漂ったとあるのが、本人が香炉を執ったと改変されている。この迦才の伝える内容はそのまま日本へも伝承された。たとえば、法然上人は『浄土五祖伝』で曇鸞について、

臨終の時、其門徒三百余人集て、自は香爐をとり、西に向いて弟子とともに声を等しく

して高声念仏して命終《みょうじゅう》しぬ。

（臨終の時、門下の者三百人集まって、自身香炉を手に執り、西を向いて弟子たちと共に声を合わせて高音で念仏を唱えつつ入滅された）

と、香炉を手に執ったとそのまま伝えている。

香について中国の唐代の善導《ぜんどう》大師の『法事讃』の中に、

一人をまず須《すべから》く焼香、散華せしめ、周匝《しゅうそう》すること一遍して竟《おわ》るべし。

（一人に焼香、仏華を撒かせてから、一周して終えるべきである）

とある。道場の中で焼香、そして花を散りばめるとあるので、儀式として香を焚いていたことが知られる。これは同じ唐代の戒律の大成者、道宣も、

其れ教授師、香炉を執りて起《た》てり。

（師は香炉を執って立ち上がった）

という。師僧が香炉を手に持って立つという意味である。このように明らかに道場の中で香炉が用いられている。

前章で示したように浄土宗で日常勤行式の中で重視する香偈《こうげ》、つまり、

願我身浄如香爐　願我心如智慧火　念念焚焼戒定香　供養十方三世仏

という詩句は、まず第一に我が身を清め、心を落ち着かせるということであるが、ここに明らかに自身を清めることは香炉のごとくであると記されている。

「念念焚焼戒定香」とは、一念一念、一瞬一瞬に戒と定（精神集中）という香を焚くという意味だが、実際に焚くのではなく一念一念に戒と定を守ることを意味する。鎌倉の光明寺を開いた良忠《りょうちゅう》（一一九九―一二八七年）はこの詩句を、

身を香炉に譬《たと》え、智慧を火に譬え、戒定を香に譬える。

（身体を香炉に喩《たと》え、知慧を炎に喩え、戒と集中を香に喩えたものである）

と述べ、具体的な香、香炉や火をいうわけではない、全部喩えと注釈している。

同じ唐の時代の詩選集に『唐詩選』があり、その中に沈佺期《しんぜんき》（唐代初期の詩人）が書いた詩がみられる。その現代語訳（前野直彬訳）によれば、

夜ふけに読経の声が静まると、宮殿の中からもれる話し声が聞こえてくる。朝には香炉の煙が風になびいて、宮中でたく香の煙とつらなる。この寺院の中にはいることはとてもむつかしいと思いこんでいたのに、今日はからずも奥深い院中を自由に歩きまわることができた身の幸福を思って、私は心から感激している。

とあり、この点でも宮廷の中の一寺院で香炉が用いられていることがわかる。
宋代に賛寧《さんねい》（九一九―一〇〇一年）が著した『大宋僧史略』は、中国の仏教史上の事跡を取り上げた書である。その中に「行香唱導《ぎょうこうしょうどう》」という一章があり、そこに、

香なりとは穢《え》を解き芬《かおり》を流し、人をして聞かんことを楽しむなり。
（香とは汚れを取り除いて香りを放ち、人にその香りを嗅がせて楽しむのである）

とある。香は穢れを取り除き、人はその香をかぎたいと願うということである。

同じ宋代の道誠《どうじょう》(―一〇一九―)撰『釈氏要覧《しゃくしようらん》』は、仏教にかかわるさまざまな作法、教理用語、教団などについての解説辞典のような体裁をとる。その中で香炉について、

仏は説法の時、常に此の爐を執りたまえり。今世の手爐の製に比観するに、少しく法に倣《なら》える有り。

(仏は説法の時、いつも香炉を手に執っている。今の時代の取手のある香炉と比べてみるといくらか教えに忠実のようである)

と示す。ここにはブッダが説法の際、手に香炉を執ったとある。道誠は当時までの中国の仏教では、寺の中で香を焚いたり香炉を使うのは当然とみていたから、ブッダもそうであったろうと解したのである。『浄飯王般涅槃経』には、ブッダが浄飯王の臨終に際して香炉を執って棺の前を先導したとあるので、この記述が道誠の念頭にあったのかもしれない。このように宋の時代には、ブッダも香炉を手に執ったとみられていたのである。

日本仏教と香炉

道元禅師の『正法眼蔵』に「洗面」という一章がある。道元禅師といえば坐禅がモットーの人であるが、『正法眼蔵』は坐禅に裏づけられた高邁な哲学、信仰の書である。道元禅師は年中、坐禅ばかりしていたのではなく、学問の人でもあった。

この「洗面」の中に、「三沐三薫《さんもくさんくん》、身心清浄《しんじんしょうじょう》」と前置きして、

つねのごとくして衣裳を著してのち、小炉に名香をたきて、ふところのうちおよび袈裟、坐処等に薫ずるなり。

（いつものように衣を着てから小さな香炉に芳しい香を焚いて、身体、袈裟、坐る所などを清めるのである）

と、香炉への言及がある。まず身を清めたうえで沐浴をし、その後に衣を着ける。衣を着て香を薫ずること三回、これが「如法の儀」で、教えに叶ったやり方だという。そして、

この時、六根六塵あらたにきたらざれども、清浄の功徳ありて現前す。うたがふべきにあらず。

（この時、六種の感覚器官と六種の対象は改めて変わるものではないが、清らかな功徳が現れてく

る。疑ってはならない）

とある。香炉に香を焚いてから身も衣も坐処をも清めるべきだとしたのである。

このように仏教の歴史からみていくと、僧院で香炉が使われはじめたのはブッダが生存していた時期からだと考えられる。在家者から香の布施があり、それを焚く際に香炉が必要となり、それをブッダが黙認したのがはじまりであろう。しかし、香に対する基本的な考え方からみると、ブッダ自身が香炉を持つことはなかったはずである。

＊1アショーカ王　在位紀元前二六八年頃－紀元前二三二年頃。古代インドにあって仏教を守護した王として知られている。

第五章　数珠使用のはじまり

ヒンドゥー教・仏教と数珠

数珠は、いつごろから使われはじめたのであろうか。ブッダは使用してないが、インドのヒンドゥー教では、バラモン（司祭）たちが使用していた。そのことはヒンドゥー教の根本聖典である「ヴェーダ」の中に、バラモンたちが数珠を使って祈りを捧げるとあることから知ることができる。

バラモンたちがいつごろから数珠を持ちはじめたかは不明であるが、原始経典の『相応部』経典、あるいは『増支部』経典に登場するバラモンは数珠に相当するものとして水草、もしくは水苔の輪を持つ者とされる。こうした記述からみると、水草（水苔）が数珠の祖型もしくは代用品であったのかもしれない。

ヒンドゥー教では、数珠を持つ神々が存在する。まずブラフマン（梵天《ぼんてん》　図3）である。この神は本来、無色透明で色も形もなかった。時代がたつにつれ、土着の信仰と融合して有形化するようになった。顔が四つ、手が四本あり、手には経本、鉢、水瓶《すいびょう》、弓、王の象徴としての笏《しゃく》、スプーン、蓮、そして数珠を持つ。インドラ（帝釈天《たいしゃくてん》）も水瓶とともに数珠を、火の神であるアグニ（阿耆尼）も三叉矛《さんさほこ》と水瓶と数珠を持つ。学問と音楽の神、サラスヴァティー（弁

図3〜5　長谷川明著『インド神話入門』（新潮社刊）より

図3　ブラフマン（梵天）

図4　サラスヴァティー（弁財天）

財天　図4）の場合、手が四本あり、二つの手でヴィーナー（琵琶）を奏で、残りの二つの手で経本と数珠を持つ。さらにシヴァ神（図5）も鉢と数珠を持つ。このシヴァ神には別名が千あり、その一つに「アクシャ・マーリン」がある。「アクシャ・マーラー」は数珠をいい、「アクシャ・マーリン」とは「数珠を持つ者」の意味である。こうしてヒンドゥー教の多くの神々が数珠を手に執《と》るようになった。

では、仏教ではいつごろから数珠を採用するようになったのだろうか。それをみるうえで重要な手がかりとなるのは、数珠についての独立した経典『木槵子経《もくげんじきょう》』、それに密教経典の中の『校量数珠功徳経《きょうりょうじゅずくどくきょう》』『金剛頂瑜伽念珠経《こんごうちょうゆがねんじゅきょう》』である。これらの経典では、数珠に言及するからである。

図5　シヴァ神

図6　六字観音

密教経典の中でも成立の早い『孔雀王呪《くじゃくおうじゅ》経《きょう》』には数珠についての言及がない。もっとも、この『孔雀王呪経』は仏の所持品を説くことを目的としたものではないゆえ、成立当時、数珠をどうみていたかは知り得ない。

後期の[*1]タントラ密教の時代になると、多くの観音が数珠を持つようになる。たとえば六字観音（**図6**）は手が四本で右手に数珠、左手に蓮、合掌してマニという宝石を持つ。十一面観音（**図7**）は八本の手があり、右手に数珠、法輪、左手に蓮、弓矢、水瓶を持ち、さらに合掌してマニ宝珠を持つ。千手観音（**図8**）は千手千眼観音と呼ばれるように、手が千本で、図8のようにその手のひら一つひとつに十方を見渡す眼があり、一つの数珠を持つ。観音菩薩は大乗仏教の成立と同時に登場

図7　十一面観音

図8　千手観音（図6～8　ともにH. W. Schumann, Buddhistische Bilderwelt より）

する仏（菩薩とはいえ仏と同格）である。ただその観音菩薩を初めて説く『法華経』『無量寿経』『華厳経』には、観音の所有物についてふれることはない。

インドの遺跡や彫刻類ではどうか。[*2]アジャンター石窟の壁画には、数珠を持つ観音がはっきりと描かれている。それは第一七窟にみられる観音で、左手に数珠、右手に水瓶を持っている。第二六窟の観音は、二本の右手それぞれに施無畏印《せむいいん》と数珠、左手に蓮と水瓶を持った姿で描かれる。第一窟の像（**図9**）は観音ではなく聖者であるものの、手にはっきり数珠を持っている。

アジャンターの石窟は長い年代にわたって掘られ続けた。観音を描いた第一七窟は五世紀末から九世紀ごろの成立とみられる。早く

図9　アジャンター石窟の壁画にある数珠を持つ聖者

見積もっても、五世紀末ころには観音が数珠を持っていたことになろう。

インドの場合、こうしたアジャンターに描かれた観音より以前に、仏教で数珠とのかかわりを示す手がかりは見当たらない。

『木槵子経』

数珠使用の年代に関し、もう一つ大きな手がかりとなるのは『木槵子経《もくげんじきょう》』の存在である。この経典は東晋（三一七〜四二〇年）時代、つまり四世紀から五世紀の間の翻訳とされ、訳者は不明である。

『木槵子経』は『大蔵経』でわずかに一頁一段ほどのきわめて短い経典である。内容は、辺境に住む一人の王が疫病の流行に困り果てた末、解決方法をブッダに願う。するとブッダは木槵子という玉を百八個貫いて「つねに仏法僧の三宝の名前を唱えるべきである。数える数が十遍ないし二十万遍であれば第三焔天（夜摩天《やまてん》）に生じ、百万遍ならすべて（百八）の煩悩を断って悟りに達することができる」と説く。一人の比丘《びく》などはその功成って十年後に悟りの第一段階に達した、と示される。

ところで経名の「木槵子」の読み方は、「モクゲンジ」以外に「ムクロジ」がある。その原語を知る手がかりは『陀羅尼集経《だらにじっきょう》』と『千手千眼観世音菩薩陀羅尼経』に音写語（サンスクリット語から漢訳する場合に言葉の意味はなく、発音をそのまま当てた言葉）がみられ、それを復元すると「アリシュタ」もしくは「アリシュタカ」となる。これは危害を受けない、安全という意味である。

木槵子という漢訳語については、中国で著された『増広本草綱目』に「無患子《むげんじ》」という一節があり、鬼が出たら木槵子の木を棒として用い、鬼を殺傷するものとある。人がこの木を用いれば鬼が逃げていき、そのために患いがない、つまり「無患《むげん》」である、それがなまって「木槵」となったという。そして、

釈家、仏教では取りて数珠となす、これを菩提子《ぼだいし》という。

（仏門の人、仏の教えでは数珠といい、これを「菩提子」といっている）


とある。この木槵子の別名に「ルドラークシャ」がある。この「ルドラークシャ」は「ルドラ」と「アクシャ」の合成語で、「ルドラ」も「アクシャ（・マーリン）」もともにシヴァ神の別名

である。

木槵子は日本では金剛樹、天目樹、その実は「金剛子《こんごうし》」と呼ばれ、形はどんぐりに似たものという。仏典の『瑜伽師地論《ゆがしじろん》』の中にも「悪叉聚《あくしゃじゅ》」という言葉があり、これは「アクシャ」をそのまま「悪叉」と音写し、それに「聚」(集まり)を加えて訳したものである。この「悪叉聚」というのは、木の実が地面に落ちると自然に一個所に集まることから転じて、同類の集まりを意味する。

中国で成立した『瑜伽師地論』注釈書の『瑜伽論記』には、玄奘《げんじょう》(六〇二―六六四年)がインド巡礼で見聞したことを、ときに注で書き加えることがある。それによると、悪叉聚について西の国では、これを採って染め物に使ったり押しつぶして油を採ると伝えている。

この木槵子については日本でも鎌倉時代の臨済宗の僧、無住作『雑談集《ぞうたんしゅう》』に、木槵子は見た目は鹿の糞と酷似するといっている。木槵子の木は日本にもあり、実はとても固く、羽根つきで用いる羽根の付いた黒く固い実がそれである。これを数珠にしたというのである。

『木槵子経』の特徴

『木槵子経』は短経とはいえ、いくつかの特徴がみられる。第一は、三宝《さんぼう》、つまり仏法僧の名を唱えることが強調される点である。具体的には「称仏陀、達磨、僧伽《さんが》の名」とある。仏法僧に帰依する有名な言葉として「三帰依文《さんきえもん》」があり、これは、

自ら仏に帰依したてまつる、自ら法に帰依したてまつる、自ら僧に帰依したてまつる。

である。この詩形は「ヴェーダ」にみられる「サーヴィトリー」という二十四字からなる詩を仏教的に改変したものとされている。

『木槵子経』でいう三宝の個所は、中国や日本でも盛んに引用されることがある。中国の道世《どうせい》（?―六八三年）が編纂した仏教資料集『法苑珠林《ほうおんじゅりん》』では、『木槵子経』の本文にない「南無《なむ》」という言葉を付加している。「南無」はnamo（「帰依する」）というサンスクリットである。あるいは道誠《どうじょう》は仏教の故事や名目の簡単な解説書である『釈氏要覧《しゃくしようらん》』を著して数珠について解説する際、『木槵子経』の一節を引用し、そこでも「南無仏陀、南無達磨、南無僧伽」とする。

中国浄土宗の僧、善導大師も『観念法門』の中でこの三宝の個所を引用し、「口称仏陀、達磨、僧伽名」と、原文にない「口」という字を付加している。善導大師は念仏を口で唱えることを強調するから、この部分もあえて口という字を加えて経文を改変したのであろう。

日本の天台宗の僧、源信《げんしん》（九四二―一〇一七年、『往生要集』）や浄土宗開祖・法然（一一三三

――一二一二年、『往生要集詮要』）も『木槵子経』を引用する。しかしそこでは善導のように「口」という一字の付加はみられない。しかし三宝を唱えるという一文ですら、中国・日本では改変して引用されたことが知られる。

第二に、「焔天《えんてん》に生ず」という一文がみられることである。死後、どこに生まれるかは、一般的には三十三天《さんじゅうさんてん》や兜率天《とそつてん》に生まれるとされることが多い。このように「焔天に生ず」というのは珍しいといっていい。この焔天についても善導、道世、法然のいずれも「焔摩天」と「摩」を付けて引用している。この「焔摩天」とは実際には夜摩天《やまてん》のことで、この天の世界とは『正《しょう》法念処経《ぼうねんじょきょう》』によれば、

そこにはすぐれた殿堂があり光り輝く世界。

とある。『立世阿毘曇論《りっせあびどんろん》』では「歓楽極まりない世界」とし、『観無量寿経』では、

無量寿仏の身は、百千万億の夜摩天の閻浮檀金《えんぶだんごん》の色のごとし。

（無量寿仏の身体は夜摩天世界にある無数の森林にある河の砂金の色のように輝いている）

と、阿弥陀仏の光り輝くさまは夜摩天世界の黄金のごとくであるという記述がみられる。原始経典でも在家者は没後、兜率天や三十三天に生まれるとされるのが一般的である。それゆえ夜摩天に生まれるというのは、『木槵子経』の特色である。

中国で夜摩天、焔天について言及するのは唐代の中国浄土教の僧、道綽《どうしゃく》（五六二―六四五年）が著した『観無量寿経』の解説書である『安楽集』である。その中で『惟務三昧経《ゆいむさんまいきょう》』（中国撰述とされる）という経典が引用され、そこに、

持戒念仏の功徳に由って第三の炎天に生ず。

とされることがある。

百万遍

『木槵子経』の特徴の第三に、「百万遍」という言葉があげられる。これは念ずる回数のことをいう。『アタルヴァ・ヴェーダ』ではバラモンは数珠を執《と》って百回唱えるべきとするが、『木槵子経』では十回、二十回、百回、千回、百千万回唱え、夜摩天に生まれたければ二十万回、

悟りに達したければ百万回唱えるべきとされる。「百万遍念仏」と呼ばれるこの「百万」という数は他の仏典には認められず、したがって「百万遍」というのは、この経典が出典とみていい。

数珠を主題とした『木槵子経』が中国で作られた可能性の強いことは、先に示した。『木槵子経』が中国で成立したとすれば、その当時までに中国の仏教徒に数珠に関する知識、あるいはバラモン教についての一般的な知識がどの程度まで知られていたかが問題となる。

中国で知られたバラモン教文献

中国で数珠に言及する『木槵子経』が成立する背景として、バラモン教を介して数珠が中国に伝来したことが考えられる。では中国にバラモン教、いわゆるヒンドゥー教は、当時までにどの程度浸透していたであろうか。

まず書物についてである。仏教は中国に紀元前後から伝播していった。中国に限らず、北西アフガニスタン、旧ソビエト連邦、中国領内のトルキスタンという地域は紀元前二世紀から紀元後二、三世紀にかけて仏教以外にキリスト教、回教（イスラム教）が伝わっていた。イギリス人で中央アジアを探検したオーレル・スタイン（一八六二―一九四三年）は、これらの地域を総称して「セリンディア」と命名した。この地域のうちクチャ、あるいはコータン（いずれも現在の中国・新疆ウイグル自治区）からは、インド由来の典籍類が多数出土している。仏典としては紀元後五五〇年ごろのものとされるガンダーラ語の『法句経』、医学関係のテキスト断片、サンスクリットの詩、『マハーバーラタ』『カーマスートラ』の断片などが出土している。『マハーバーラタ』はインドの国民的な叙事詩であるが、その中に神々や登場人物が数珠を持つという記述がみられるし、『カーマスートラ』は性愛についてのヒンドゥー教の聖典である。

そうしてみると、中国に医学、文学、性愛についての文献が伝わっていたことがわかる。ただ内容的にどの程度中国人に理解されていたかは不明であるが、文献が存在する以上、何らかの関心を呼んだと思われる。

そのほか、バラモン教のインド六派哲学の一つ、サーンキャ学派の聖典『金七十論』（真諦《しんだい》訳）、あるいはヴァイシェーシカ学派の聖典『勝宗十句義論《しょうしゅうじっくぎろん》』（玄奘訳）も知られていた。

中国に渡ったバラモンたち

次いでヒンドゥー教について伝えるものに、鑑真《がんじん》（六八八―七六三年）による報告がある。唐招提寺を開いた律僧鑑真の伝記に、広州（現香港の対岸）にはヒンドゥー教のお寺が三つあり、バラモンが住み、寺には蓮池があると伝えている。広州はペルシャや崑崙《こんろん》からの舟が盛んに来航し、舶来品を山のように積んでいたという。してみると、インドからさまざまな文物が流入していたことになる。

次に中国・唐代の天台宗の僧、湛然《たんねん》（七一一—七八二年）。彼は、五世紀頃にインドからバラモンが来たと報告している。それによると「天竺外道《てんじくげどう》」が書物を持ってきた。その書物をめぐって中国の賢者と論争があり、中国の賢者は七日間で理解できた。しかし、中国の書をバラモンに示して質問したところ、バラモンは何も答えることができなかった。その結果、バラモンはインドに帰り、こうして中国にヒンドゥー教が広まらなかったのは幸いだ、と伝えている。

次に北周時代の智賢《ちけん》（生没年不詳）である。この人はバラモンであり、五六一年に「五明《ごみょう》論《ろん》」を翻訳している。「五明」とは仏典以外の論理学や言語学、医学、工芸などインドの学問の総称である。これによれば、バラモン教のほとんどの学問が、中国語に翻訳されていたことになる。

次に西域《さいいき》の僧、鳩摩羅什《くまらじゅう》（三四四〈または三五〇〉—四一三〈または四〇九〉年）。彼はカシュガル（現在の中国・新疆ウイグル自治区）の生まれであるが、その地で若いときにバラモン教の「ヴェーダ」、「五明論」を学んだという。羅什の時代すでにカシュガルで、こうしたバラモン教の学問が定着していたことが推測される。

次に法希《ほうけ》（生没年不詳）。『続高僧伝』によれば、この人もバラモンで天和年間（中国・北周時代）の五六六年から五七二年に、バラモン教の天文書二十巻を漢訳したと記されている。それも「勅を奉じて」とあるから、時の皇帝（北周の武帝）が法希に命じて翻訳させたことになる。

こうしてみると五、六世紀のころ中国では、インドの医学・天文学・『カーマスートラ』はいうに及ばず、バラモン教の典籍まで数多く漢訳されていたことになる。特に智賢や法希はバラモンなので、中国の仏教者が、おそらくバラモンが持っていたであろう数珠を目にする機会は多分にあったと考えられる。こうしてバラモン教の実態を列挙してみると、もっとも生存年代の早い人は羅什である。羅什がバラモン教の学問を学んだころに、数珠は中国で知られていたことが予想されよう。

『木槵子経』の成立を東晋の時代（三一七—四二〇年）とすれば、ほぼ羅什の生存年代と重なってくる。それゆえ羅什が生存したころに『木槵子経』が中国で作成される素地は十分にあったと考えられる。

まとめ

数珠はインドの場合、グプタ朝後期の観音、いわゆるアジャンターの観音像までさかのぼることが可能であった。

一方、中国の場合、道綽が数珠を使用した背景として三点があったといえよう。一つはそれ以前に『木槵子経』が成立していたこと、二つ目にヒンドゥー教の典籍である大部な「五明論」が翻訳されていたこと、三つ目は仏教の僧たちに比べれば格段に少ないとはいえ、バラモンたちが中国に来ていたこと、また多くの中国僧がインドに仏法を求めて旅行していたこと。玄奘や法顕《ほっけん》（三三七―四二二年）や義浄《ぎじょう》（六三五―七一三年）などは後世に名を残したほんの一握りの人たちであるが、何百人という中国僧が仏法を求めてインドに渡ったことは『大唐西域求法高僧伝』（義浄作）から知られるとおりである。

そうした人びとが中国に帰国する際、数珠を持参したことも十分に考えられる。『木槵子経』の成立した東晋の時代に数珠がはっきり認められる以上、当時数珠の存在はかなり知られていたといえよう。そうすると中国の場合、数珠を持つ観音信仰とは関係なく『木槵子経』の成立以後、数珠が仏教徒の間で知られていたと思われる。

いずれにしてもインドの場合、数珠は初期大乗仏教以後、おそらく五世紀以後、仏教徒が採用しはじめ、中国では『木槵子経』の成立の頃、およそ四世紀から五世紀頃から仏教徒が使用しはじめたといえる。

ことによると、インドの仏教徒よりも中国の仏教徒のほうが幾分早く数珠を使用しはじめたということも考えられよう。

＊1タントラ密教　五、六世紀頃インドに興り、ヒンドゥー教、ジャイナ教、仏教に影響を与えた。高度な哲学的思弁に乏しく、下層階級の信仰を取り込んだ宗教。

＊2アジャンター石窟　インドのワゴーラー川沿いの断崖をくりぬいて築かれた大小の石窟で構成される古代の仏教石窟寺院群。紀元前一世紀頃から六世紀半ばぐらいまでにわたって築かれ、菩薩や飛天のレリーフや絵が描かれている。一九八三年に世界遺産に登録された。

第六章　仏教と数珠

数珠の流伝

ブッダは数珠を用いることがなかったこと、さらに数珠がどのように流伝していったか、それに数珠を使わない仏教国もあることについてみていきたい。

日本では数珠がどのように使われていたのだろうか。古代の場合ははっきりした典拠はないが、おそらく仏教が日本に伝来してきたころから使われていたと思われる。東大寺の大仏開眼法要（七五二年）のときインドから来朝したバラモン僧正という人が持ってきたという記述があるので、かなり古くから数珠が知られていたことは確かである。また鑑真が唐から日本へ来た際（七五三年）、数珠を多数持ってきたという記述もあるので、すでにそのころから用いられていたにちがいない。

文学にみる数珠

文学作品にも数珠の記述が認められるので、それを取り上げてみよう。

清少納言の『枕草子』の六三段は蓮についての一節であり、そこに数珠が出てくる。現代語

訳では、

蓮は、ほかのどんな草よりも一段とすぐれてすばらしい。「妙法蓮華」のたとえにもなっており、その花は仏に奉り、その実は数珠の玉につらぬき、阿弥陀仏を祈念して極楽往生を遂げる縁を結うというものだから（上野、神上訳）。

とある。そのほかに同じ平安時代の歴史物語である『栄花物語』にも、主人公の藤原道長が病気になった際に病気の治癒を願って、数珠を執《と》って仏に祈ったとある。『平家物語』（巻二）でも、老僧たち四、五百人それぞれが手にした数珠を権現の大きな床に投げつけたとある。それを子どもたちが走り回って拾い集めて、わずかの違いもなく、元の持ち主に配ったという。

平安時代の恵心僧都源信《えしんそうずげんしん》（九四二―一〇一七年、天台宗の僧）も『往生要集』で、数珠についてふれている。そこでは数珠そのものを主題とした『校量念珠功徳経《こうりょうねんじゅくどくきょう》』という経典を引用しつつ、往生か功徳かの目的によって数珠の素材を選ぶべきと記されている。

法然・親鸞と数珠

鎌倉時代に浄土宗を開いた法然上人（図10）は念仏する際に数珠は必要かという質問に、

「念仏するときには必ず念珠は持たなければなりません。世間では唄をうたい、舞いを舞うのですら、拍子をとったりしている」と。「迷いの根底にある根本的な無知をたちきらない限り、迷いの心はとめどもなくおきてくることでしょう。世間でいう客と主人といった関係です。念珠を手に持ち珠をくるときは迷いの数をとろうとして、くるのではありません。念仏の数をとろうとして念珠をくるのですから、念仏は主人で、迷いの心が客なのです。そうであるからといって、心の中に迷いの心が住むことを許されているのは、過分の恩というものです。その上、口でさまざまな悪口をいいながら、念珠をくるというのは、とんでもない間違いです」（大橋俊雄訳）

図10　法然上人像（長松寺蔵）

と言っている。天台宗の僧で法然に帰依した聖覚《せいかく》（一一六七―一二三五年）も念珠、いわゆる数珠を手に執《と》ったならば弥陀の名号、つまり南無阿弥陀仏と唱えるべきだという。

中国仏教と数珠

さかのぼって、中国仏教で初めて数珠を使用したとされるのは、浄土教の道綽《どうしゃく》（五六二―六四五年）である。『続高僧伝』の中の道綽の事跡の中に、人びとが数珠をつまぐって口に仏の名を唱えた、とある。そこで数珠のことを「木欒子《もくれんじ》」とし、

又年常の自業に、諸の木欒子を穿《うが》ちて以て。

（また年月が経っても何時もなすべきこととして木槵子《もくげんじ》に穴をあけて）

とある。この「木欒子」は、通常「木槵子」と同じとされる。木槵子とは数珠の素材をいう。この木槵子について述べた経に中国の東晋の時代に訳された『木槵子経』（訳者不明）があり、前章で述べたとおり、これはインド撰述ではなく、内容からして中国で作られた経典といって

いい。この経典の中に出てくる「百万遍」という言葉はインドの文献にない語であるものの、後に中国、日本で百万遍念仏という行事に発展していった。

宋の時代の道誠が著した『釈氏要覧』という仏教語の解説辞典の中にも、数珠についての一項目がある。そこでは数珠に言及するさまざまな経典を引用し、数珠とは気根が劣る者、信心の浅い者などを牽引する用具だと説明している。

東南アジア仏教と数珠

原始経典には数珠についての記述がみられない。さらに部派仏教の教義書、いわゆるアビダルマの理論書、戒律書、さらに初期の大乗経典のいずれにも数珠は出てこない。

そのため原始仏教がそのまま伝わった東南アジアの仏教国では、数珠を使用することがない。ただ例外的にミャンマーだけは数珠を使っている。ミャンマーは元来、多民族国家で、モン族やクメール族はインド文化を受容した。それに対して中国の雲南からきた人びとは小乗仏教と数珠とかかわりのある大乗仏教との混交した仏教を信奉するため、その人たちは数珠を使っている。

ブッダは数珠を使用せず

ブッダの基本的立場は三衣《さんね》一鉢《いっぱつ》である。つまり修行僧は、三種類の衣と一つの鉢以外は所持すべきではないというのである。そのためブッダも生涯数珠を持っていた形跡はない。その後、修行僧たちが所持していいと公に承認された物に「比丘《びく》六物《ろくもつ》」「比丘十八物」（比丘が常備する六種類の物と十八種類の物）がある。「比丘六物」とは三衣一鉢の四つのほか、坐具と漉水嚢《ろくすいのう》（水を漉《こ》す袋　**図11**）を合わせた六つである。

部派仏教時代の成立の遅い戒律書の中に「六物」とあるので、そのころから許されていたと考えられる。もっとも部派仏教の戒律書を見ると、修行僧たちはすでに六種類以外にも多様な物を使っていた。しかし、「六物」についての規定によると、見習い僧、尼僧だけが持っていいとされている。

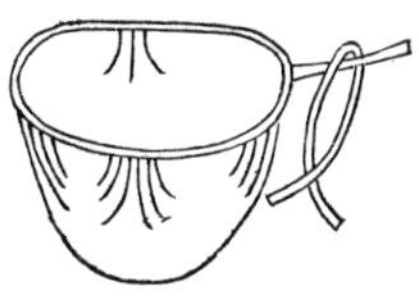
図11　漉水嚢
（『佛製比丘六物圖』より）

六物の中の水を漉す袋は、もともとジャイナ教徒が使っていたものである。ジャイナ教徒は、不殺生という戒律を非常に厳格に守っていて、水の中の肉眼で見えない虫さえも殺すことがないようにという理由で漉水嚢を使っていた。仏教の場合はより実用的で、水が濁って汚ない事態をきっかけとして、漉水嚢の使用がはじまったと伝えている。なお「比丘十八物」と数が増えても、数珠は含まれなかった。してみると、大乗仏教以前に数珠は使用されてなかったことを強く示唆している。

数珠を持つ仏・菩薩

インドの場合、初めて数珠を持つ仏として大乗仏教になってから登場するのは、観音である。インドでも後期密教のころに成立した観音、とりわけ六字観音、十一面観音、千手観音といった観音は右手に数珠を執《と》り、左手に蓮を持つ。むろん観音はそれ以外にもさまざまな物を持ちはじめたことはよく知られている。

アジャンターの石窟というのは非常に長い年月をかけ、紀元前後くらいから七、八世紀頃までに成立したといわれている。その中で約五世紀から七世紀頃に成立した観音が数珠を持つ姿で描かれる。アジャンターの壁画では、観音より先に一般の貴人のほうが数珠を持つ姿で描かれている。

図12　弥陀三尊像（長松寺蔵）

初期大乗経典と数珠

観音についていえば初期の大乗経典、とりわけ『法華経』『無量寿経』に初めて登場する。阿弥陀仏の両脇侍として観音菩薩・勢至菩薩（いわゆる弥陀三尊　**図12**）も同時に説かれるようになる。また『華厳経』「入法界品《にゅうほっかいぼん》」でも観音が登場する。ただ、これらの大乗経典には、観音の持ち物についてまでは出てこない。この点からみても、数珠を仏教で採用しはじめたのは[*1]グプタ朝の観音に数珠を持つ姿がみられるから、この観音像の成立した（早くとも）五世紀頃からと思われる。

数珠の原語

数珠の原語はいくつかみられるが、もっともよく用いられるのは「アクシャ・マーラー」である。前半の「アクシャ」というのは本来植物の名前であり、すごろくのサイコロをも意味する。

後半の「マーラー」とは輪のことで、したがって「アクシャ・マーラー」とは「サイコロごときを輪にして結んだもの」の意である。この「アクシャ・マーラー」という数珠の語は、バラモン教の呪術的な儀式のしきたりを記した『アタルヴァ・ヴェーダ』の中に出てくる。そこではバラモンは数珠を使って毎日朝夕、ガーヤトリー（別名、サービトリー）と言われるヒンドゥー教の短い詩を誦《じゅ》する、とある。これは太陽の神に対する祈りの言葉である。それを百回、声を低く唱えるという。あるいは古代インドの宗教的、哲学的、神話的叙事詩である『マハーバーラタ』によると、禁欲修行者の両足に何か音を立てる珍しい形のものが光っていた。一方、両手にはやはり同じように音を立てる輪がはまっていた。それは数珠とよく似たものだと説かれている。

そのほかに劇作家カーリダーサ（五世紀頃の人物）の戯曲の中に出てくる数珠は、手に持っていたというよりは、腕にはめる装飾品とみなされている。インドでも中世の時代になると、ヴィシュヌ派というヒンドゥー教の一派では、数珠の使い方や功徳についての規則書を残している。

数珠とロザリオ

キリスト教徒が使うロザリオは、数珠に類似している。このロザリオは元来、仏教から伝わったといわれている。この見解は二〇世紀初頭のドイツのインド学者A・ヴェーバー（一八二五―一九〇一年）、R・ガルベ（一八五七―一九二七年）、W・キルフェル（一八八五―一九六四年）の主張するところである。それは次のような説である。

数珠の原語の一つに「念誦《ねんじゅ》の輪」を意味する「ジャパ・マーラー」があり、この「ジャパ・マーラー」という言葉がヨーロッパに「ジャパー・マーラー」と伝わった。サンスクリットの「ジャパ」は「念誦」で、「ジャパー」と長母音化すると「バラ」の意味になり、「バラの輪」、つまりロザリオになったというのである。これは確かに原語が似ており、きわめて興味深い学説で、インド哲学の第一人者中村元氏（一九一二―一九九九年）もそれに賛同している。

サンスクリットの「ジャパー」というのはバラを意味するが、厳密には中国のバラである。中国のバラがどうしてインドにあるのかという疑問があるし、さらにヒンドゥー教やインドの文学作品に「ジャパー」の用例はみられるが、「ジャパ・マーラー」という成句は僅少である。

ドイツのこれらのインド学者たちが主張している説に対して、A・ヴェーバーと同時代のサンスクリット学者O・V・ベートリンク（一八一五―一九〇四年）は、自身が出版した全七巻の『サンスクリット大辞典』（今もってヨーロッパで最高権威）で、「ジャパ・マーラー」（念誦の輪）という言葉をロザリオと訳している。しかし「ジャパ・マーラー」の言葉そのものにバラの意味はなく、あくまでも「念誦の輪」である。

その後、オーストリアの言語学者のM・マイアホーファー（一九二六―）が、ジャパ・マーラーが流伝の過程でジャパー・マーラーになったというのは本当か？ と疑問符を投げかけている。

キリスト教ではロザリオを使い、仏教では数珠を使う。元来、インドのバラモンたちも数珠を使うという点で、東西文明の交流に関わる興味深い壮大な学説であるが、断定はしにくいと思われる。

百万遍念仏と数珠

日本には「百万遍念仏」という、大勢が集まって順番に数珠を回して念仏を唱える行事がある。すでに中国でも浄土教信仰の系譜に属する迦才《かざい》（唐代の浄土教の僧）が百万遍念仏を実践していたとされ、迦才によるとそれ以前に道綽も実践したというが、はっきりはしていない。日本の源信も、迦才や道綽が百万遍念仏をしたという伝承をそのまま伝えている。この百万遍念仏を通して、数珠が流布していったのは確かであろう。

百万遍念仏については、古典文学の『栄花物語』の中にも皇太后が病気の平癒を願って百万遍念仏をしたとあるし、後白河法皇（一一二七―一一九二年）も自分自身の往生を願って二百数回行ったとある。法然上人はこの百万遍念仏について、百万遍唱えなければ往生できないというわけではない、一遍でも十遍でも念仏を唱えれば往生できる、といっている。

百万遍知恩寺

「百万遍」で知られる寺に、京都の浄土宗の大本山知恩寺がある。ここがどうして百万遍の道場になったかというと、後醍醐天皇の時代（在位一三一八―一三三九年）、一三三一年に大地震で大きな被害があり、疫病が広がった。そこで天皇は大きな寺に祈願したけれども治まらないので知恩寺の大僧正、空圓《くうえん》上人に依頼し、百万遍念仏を唱えたところ、にわかに疫病が治まった。そこで後醍醐天皇はこの大僧正に帰依するとともに「百万遍」という称号を下賜《かし》したのである。

江戸時代の浄土宗の祐天《ゆうてん》（一六三七―一七一八年）は、亡霊を払う祈祷僧として有名であった。祐天は目黒祐天寺の開山である。祐天は百万遍念仏を開き、祐天という自分の名札を配り、そのため百万遍念仏の功徳が江戸中に知れ渡ったといわれている。

道元と数珠

もっとも数珠を使用したとは思えない、本来表だって使用すべきでないといった人に曹洞宗《そうとうしゅう》の開祖、道元禅師（**図13**）がいる。この人は『永平衆寮箴規《えいへいしゅりょうしんぎ》』に、

数珠を持して人に向ふは是れ無礼なり。諸事須《すべか》らく穏便なるべし。

（数珠を持ったまま人と接するのは礼を失することになる。諸事万端、穏便になすべきである）

といっている。数珠を持って人と相対するのは礼を失するというのである。「無礼」とは、今でいうのと同じ意味と思われる。しかし現在では、曹洞宗の人たちも数珠を使っている。

図13　絹本著色道元禅師図像
（宝慶寺蔵）

まとめ

このように、バラモンたちが古代から数珠を使っていたことをブッダも知っていたはずであるが、手にすることはなかった。バラモンたちが何のために数珠を使うのかといえば、それを使って祈るためであった。これに対しブッダ自身は数珠を使わなくとも、慈悲の心で人びとの安楽を願ったのである。ブッダはバラモンたちのように、超越的な神を想定し、それに祈りを捧げるということをしなかったからである。

日本では仏事、また僧といえば数珠を手に執《と》ることが当然となっている。しかし仏教で数珠を使うようになったのは、紀元後五世紀以後のことと思われる。

キリスト教で使われるロザリオは仏教から伝わったとされるが、元来バラモン教のバラモンが使用していたのにどうしてバラモン教から伝わらなかったのかといえば、バラモン教が広まったのはインド国内だけであり、これに対し仏教は、インドを通り越して中央アジアから東アジアに伝播したからである。本来バラモンたちが使っていた数珠ではあるが、六世紀頃にキリスト教徒、とりわけその一派のネストリウス派が中央アジア（今でいう中国）に来て、そこでかれらが「あれは何だ」「数珠だ」ということで、それがヨーロッパに伝わったというのである。

ともかく「念誦の輪」がロザリオ（バラの輪）になったというのは、非常に興味深い伝承である。

＊1グプタ朝　三二〇年頃、チャンドラ・グプタ一世の時代に発展し、ガンジス川流域を中心にインドを統治したインド人の王朝。五世紀頃にはバラモン教、仏教、文学、美術、哲学などが繁栄した。

第七章　数珠の功徳と形

ヒンドゥー教の数珠

そもそも数珠は何のために使用したのか、使用する際の言葉とは何であったのか、また日本の浄土宗ではきわめて珍しい二連の数珠を使用するのはどうしてなのか。

はじめに、ヒンドゥー教では何のために数珠を使っていたのかを概観しておきたい。「ヴェーダ」のころは、とりわけ太陽の神に祈るときに数珠を使用していた。

ヒンドゥー教にはシヴァ教とビィシュヌ教の二派があり、ビィシュヌ教はさらにヴァーガーバッタ派とパーンチャラートラ派の二つに分かれている。このパーンチャラートラ派の『サートヴァタ・サンヒター』という文献を引田弘道氏が研究し『ヒンドゥータントリズムの研究』（山喜房佛書林刊）という本を出版している。この研究の中で中世ヒンドゥー教の数珠に関する一節はきわめて興味深く、それを紹介しながら仏教の場合と比較してみたい。

『サートヴァタ・サンヒター』はインド中世、十世紀以後の成立とされている。この文献から次のようなことがわかる。神に祈る際、回数を数えるときに数珠を使う。もし数珠がなければ自分の指の関節で数える。具体的に唱える言葉は呪文のような「ヴェーダ」のマントラで、それを百八回、あるいはそれ以上、できるだけ多く唱える。百八という数は仏教でもなじみがあり、除夜の鐘を百八回打つのは、百八ある煩悩を一つひとつ消すということである。古代インドの場合、仏教と共通点がある場合には、ヒンドゥー教が起源である場合が多い。

数珠の大きさはさまざまであるが、数珠玉の数はやはり百八としている。あるいは五四、二七という数のものもある。これを金、銀、麻、絹などの糸でつなぐ。数珠玉の真中の玉は「メール」と呼ばれる。インドでは山のことを「メール」といい、世界の中心にある山を「スメール」（須弥山）、つまり美しい山（妙高山）と呼んでいる。それゆえ真中の玉の「メール」は、美しい山を意味する。

数珠玉の意味として、日本の真言宗では数珠の糸は観音の象徴、一番大きな玉は無量寿、つまり阿弥陀仏ととらえる。ヒンドゥー教でも一つ大きな玉があるから、こうした大きな玉を入れることも、ヒンドゥー教の影響によると思われる。

素材と功徳

中世ヒンドゥー教における数珠の素材と功徳をまとめると、

金は財産とか繁栄、あるいは美を求めるため、

銀は先祖供養のため、
銅は知力や大きな力を得るため、
錫は夜叉を支配するため、
鉛は邪気を支配するため、
青銅は蛇などを支配するため、
宝石一般は長寿や息災を願うため、
水晶は解脱を求めるため、

とされている。いずれも均等で均質なものがいいとされる。

持ち方もさまざまで、右手に数珠を持った場合、それを布で隠すようにという。声を出すときは数珠を中指にかけて親指と人差し指で玉をつま繰る。唇を動かすときは薬指にかけて親指と中指で玉をつま繰る。心で念ずるときは小指に数珠をかけて親指と薬指で玉をつま繰る。現世利益を求める場合は、玉を下に下ろしながらつま繰る。解脱を求める場合は、玉を上につま繰ると規定されている。

また、数珠そのものも単なる用具ではなく神格として扱われる。まず数珠を白檀などの香で塗り、数珠を器に入れ、そして花やお香で供養し、数珠を御神体のごとく思い浮かべる。そうすることによって最高神のエネルギーが数珠に注ぎ込まれるという。こうして数珠は神のエネルギーをそなえた神と同等のものになるとされる。

良い祈りは、人の息災を求める、人の増益《ぞうやく》を祈る、人を支配するという場合である。しかしヒンドゥー教では良い場合ばかりでなく、相手を呪詛《じゅそ》する場合にも数珠を使う。誘惑する場合、相手を殺傷したい場合、仲違いさせたり、人の体の中に入り構成要素を攪乱させるとき、恐ろしい行為を引き起こさせるとき、このようなときにも数珠を使うのである。

これが中世のヒンドゥー教の文献に表れた数珠の使い方である。

仏教の数珠

仏教の場合、祈りの目的について書いた経典がある。特に密教経典の『校量数珠功徳経』ではその経名からも知られるとおり、数珠の素材と功徳とが説かれる。数珠の素材として鉄、赤銅、真珠、珊瑚、木槵子、蓮子、水晶があり、それぞれによって功徳が異なる。素材によって功徳に違いがあるとする点は、ヒンドゥー教と同様である。試みに木槵子をみると、福が百倍になる、あるいは天に生まれたい場合、木槵子の数珠を使うべきであるという。菩提子の数珠の場合は、木槵子以上に福徳は無限である。ブッダは菩提樹の下で悟りを開いたので、それにちなんで菩提子のほうが木槵子よりも功徳が多いというのである。

そのほか、密教経典の『金剛頂瑜伽念珠経《こんごうちょうゆがねんじゅきょう》』によると、数珠を体のどの位置に置くかによって、功徳に違いがあるという。

頭に置けば無間地獄に落ちた者を清め、
首にかければ戒律のうちで最も重い四ハライ戒（四つの戒のうち、どれを犯しても教団を追放されるという罪）を清め、
臂に置けばさまざまな罪が消える。

図14　如意輪観音坐像（圓教寺蔵）

これは、仏教でもきわめて特異な使い方といっていい。

如意輪観音《にょいりんかんのん》（図14）を主題とする『観自在《かんじざい》如意輪菩薩瑜伽法要《にょいりんぼさつゆがほうよう》』では、一切衆生の願望を満たし、苦を救うという如意輪観音が多彩な持ち物を持つのは、それぞれの意味合いが異なるからである。この観音には六本の手が

あり、右の第一手は生きとし生ける者を憐れむため、第二手に如意棒[*1]を持つのはあらゆる願いを成就させるため、第三手の数珠は畜生の苦を抜くため、左の第一手は自然界に変動がないように、第二手の蓮は非法者を矯正するため、第三手の輪は無上の教えを弘《ひろ》めるためとされる。

こうしてみると仏教、特に密教で数珠を使用する目的は、いずれも功徳の増大のため、生きる者たちの救いのためであり、ヒンドゥー教のようにはっきり呪詛のために数珠を用いることはみられない。

ミャンマー仏教と数珠

原始経典には数珠についての記載がないため、東南アジアの仏教国では原則的に数珠を用いないことはすでに指摘した。ただミャンマー（ビルマ）に学術隊として行かれた生野善應氏の報告本、『ビルマ佛教――その実態と修行――』（大蔵出版刊）に、数珠についての記述がある。それによると、出家者は数珠を用いて、如来の十号を唱えるという。如来の十号とは、仏の十種の別名、すなわち如来、応供《おうぐ》、正遍知《しょうへんち》、明行足《みょうぎょうそく》、善逝《ぜんぜい》、世間解《せけんげ》、無上師《むじょうし》、調御丈夫《じょうぎょじょうぶ》、天人師《てんにんし》、仏世尊《ぶつせそん》のことである。ただ「如来」の言葉だけは含めず、九つの名前を唱えるという。

ミャンマーの民族構成は中国の雲南とインドとかかわりが深いので、重層的な仏教が入り込んでいる。数珠はおそらく大乗仏教、あるいは密教の観音信仰を通じて、ミャンマーに伝わったのではないかと考えられる。

唱える言葉

仏教国でも数珠を手にして唱える言葉が国によって大きく異なる。

『木槵子経』では仏法僧の三宝の名前を唱えるとする。中国、日本の浄土教では数珠を使って「南無阿弥陀仏」と唱え、ミャンマーの場合は、出家は如来の十号（如来の語を抜く）を唱え、在家はブッダの悟ったといわれる「諸行無常」「一切皆苦」「諸法無我」の三法印《さんぼういん》のうちの「無常」「苦」「無我」の部分をパーリ語で唱える。こうしてみると数珠を使って仏の名、あるいは仏を含めて仏法僧、三法印を唱えるという特色が看取される。

浄土宗の二連念珠

浄土宗では、在家は伝統的に二連の数珠を用いる。これは仏教の歴史の中でもほかに例のないものである。その典拠となったのは『法然上人行状絵図』[*2]である。この中に阿波介という陰陽師がいて、かれは二つの連ねた数珠を持っていたとある。『法然上人行状絵図』によると、輪の二つつながった数珠を考え出したのは、阿波介であった。その阿波介が、百八の数珠を二つ持って念仏していたので、ある人がその理由を尋ねると、

数珠の珠を、絶え間なく上げたり下げたりしていると、数珠にとおしてある糸の緒がいたみやすい。それゆえ、一つの数珠を繰って念仏を唱え、他の一つの数珠で念仏の数をよみ、その積もった数を弟子がかぞえるようにすれば、緒は休みをとるからいたむこともないと思います（大橋俊雄訳）。

と阿波介が言ったのを、上人が伝え聞き、それはいいことを考えたと褒めたとある。

ここに数珠を二つ使うということが初めて出てくる。一方、法然上人自身はというと、当時描かれたいかなる肖像画を見ても一連の数珠で、二連の数珠を持つものは見当たらない。

法然像にみる数珠

法然上人の持っていたと伝えられる数珠が、京都の浄土宗大本山清浄華院《しょうじょうけいん》に現存する。当

図15　伝・法然所持数珠
（浄土宗大本山清浄華院蔵）

寺から発行された図録によると、「伝・法然所持数珠　一連　木製」（図15）とある。この数珠は「星念珠」とも呼ばれ、「大平」と呼ばれるそろばん玉のような扁平な形の玉の数珠で、天台宗でも使っている。法然上人は比叡山で修行をしたので、天台宗の数珠をそのまま用いていたと思われる。

當麻曼荼羅《たいままんだら》で有名な奈良の當麻寺奥の院に、法然上人の木製の座像がある。成立は鎌倉時代と、きわめて古い。この像についての解説によると、

> 奥院本堂（御影堂）に安置される本像は、創建時に誓阿によって知恩院より移された、と伝えられる法然房源空の肖像彫刻である。（略）一般的に老齢で表現される法然の肖像に比べると、本像は比較的若々しい姿にあらわされており、四十八歳時の御影であるとの伝承があるのも、なるほどと思わせるものがある。

とある。上人が四十八歳のときの像とされ、それを見ても一連の数珠である。

では、どうして浄土宗で二連の数珠が伝統となったのだろうか。浄土宗には鎮西《ちんぜい》派と西山《せいざん》派

という二派があるが、さらにマイナーな一派に捨世《しゃせい》派がある。その祖・称念《しょうねん》（一五一三―一五五四年　**図16**）が二連の数珠を使っていた。この人は厳格な戒律を守った清僧といわれる。知恩院境内に法然上人の御廟があり、その前の独立した寺（一心院）に住んでいた。

称念が二連念珠を使ったことは、『称念上人行状記』から知ることができる。その中に、

> 上人とともに自身の修行のために念珠を作製なさった。三十と三十六粒を輪にして通し、作ってから咄嗟の時、日常茶飯事、手から離さず念仏なさり、この上なき便利なので、見聞した出家も在家も皆が上人の輪貫数珠を見習い、持たないことを恥とし、その数珠で念仏しないのをあやまちと思った。

と出てくる。さらに、

> 昔、阿波介が百八の数珠二連を左右に持ち、右手で一つ称える毎に珠を操り、左手で一回に百の数をつまみ操り、増えた数を弟子にとらせたという。しかしいま

図16　称念像（一心院蔵）

仕事に従事する人には出来難いことだ。われらの御上人は三十六珠の輪数珠で千万の数と数える時、仕事に従事していても左右を使わずに片手だけで数えることができる。まことに巧みな知恵である。

とも書かれている。

その後、江戸時代の元禄のころに三河・大樹寺の等誉《とうよ》（?―一六七六年）、同じく江戸時代の京都・鹿谷《ししがだに》の忍徴《にんちょう》も、二連の数珠を使用していた。鹿谷の忍徴は、京都の法然院を創設した初代の住職である。

このように、数珠にもいろいろな伝承のあったことが知られる。しかしブッダが使っていなかったことは、先述のとおりである。

＊1如意棒　説法、法会に講師・導師が所持する用具。爪枝・孫の手の変形したものといわれている。

＊2法然上人行状絵図　十四世紀前半に知恩院で作られた四十八巻の絵図。法然上人の伝記に絵を加えて、布教に役立てた。

第八章　仏・菩薩の冠

観音と冠

冠をかぶる仏に大日如来（図17）がある。大日如来の姿については『大日経疏《だいにちきょうしょ》』に、

大日如来の身は閻浮檀《えんぶだん》の紫磨金色《しまごんじき》の如く、菩薩像の如くにして、首に髪髻を戴き、猶し冠形の如し。

（大日如来の身体は閻浮樹林を流れる河底の紫色を帯びた金のようであり、菩薩の姿のようで、頭に巻いた髪をし、それはさながら冠の形のようである）

図17　大日如来像
（画像提供・奈良国立博物館、撮影・森村欣司）

とあり、大日如来は菩薩の姿のごとくであるとされる。頭は髻《もとどり》で、しかもこれが冠の形のようだとある。実際に、大日如来の像が菩薩の姿をとり、頭に冠をかぶるのはこうした表現に由来するのであろう。

また冠をかぶる仏に観音（観音は正式には観音菩薩というが、仏と同格である）がある。観音は大乗仏教、それも『法華経』『阿弥陀経』『華厳経』になって初めて登場する仏である。もっともこれら三つの経典では、いずれも観音の姿まで描くことはない。

観音は当初、ヒンドゥー教とは無関係に登場してきた。シヴァ神は別名「イーシュバラ」といい、その信仰が仏教に入り、観音となったという説がある。しかし、観音の原語「アヴァローキテーシュバラ」（観自在）、「アヴァローキタスバラ」（観音）のうち、「イーシュバラ（自在）」「スバラ（音）」はともにそれ以前の仏典に認められるし、ブッダも「イーシュバラ」つまり「自在者」とされることがある。そして、この「イーシュバラ」よりなる「自在を観察する者」が大乗仏教になって突出して「観自在」、別名「観音」になったと考えられる。

この観音は密教になると、三十三身[*1]に姿を変えるという。この点ではヒンドゥー教の影響をもろに蒙っており、従来の仏教にみられないものである。

インドで密教の興隆とともに観音信仰が大きく展開するにつれ、観音の所持品も綱、数珠、剣など多彩になっていった。そのことは観音を主題とする経典類にはっきり書かれている。たとえば聖（正）観音（**図18**）を見ると、この観音は左手に蓮を持ち、右手でその花を開く手つきをし、頭に冠をかぶるとある。

千手観音についても多くの独立した経典がある。この観音は別名、千手千眼観音とも呼ばれ

図18　聖観音像（画・長谷法壽）

るように、千の手と千の眼がある。開いた手それぞれに眼がある形をとる像も認められる。ヒンドゥー教の梵天、帝釈天、シヴァ神などにはあらゆる方角を見る千の眼があるとされ、それがこの観音に反映したのである。

　不空羂索観音《ふくうけんじゃくかんのん》にも多くの独立した経典があり、この観音は大自在天、いわゆるシヴァ神の姿をとるという。ただもっとも古い『不空羂索《ふくうけんさく》呪経《じゅきょう》』では冠でなく、螺髪《らほつ》とあるから、当初は冠をかぶっていなかったのかもしれない。

　如意輪観音の場合、冠に化仏《けぶつ》（化身と同じ）もしくは自在天が置かれ、それは説法の相を表すとされる。仏教における化仏や化身の思想は大乗仏教になってからにわかに強調されはじめるが、これもヒンドゥー教の化身の影響といえるであろう。

　このように密教経典に説かれる観音は、いずれもヒンドゥー教からの影響がきわめて強い。インドで密教経典以前に観音にふれ、しかも冠をかぶるとする経典をさかのぼれば、『華厳経』がある。この『華厳経』には六十巻本、八十巻本そのほか四十巻本が存在する。ただ四十巻本は分量が厖大であるが、その一章「入法界品」だけのものであり、成立的には『華厳経』の中

でもかなり新しいものである。この四十巻本『華厳経』には観音の姿として、

種々の華鬘《けまん》を以て厳飾し、頂上に真金の妙なる宝冠あり。

（さまざまな花飾りで飾られ、頭には黄金の美しい宝冠がある）

と、いろいろな花飾りで飾り、頭の頂に金からなる美しい宝冠をかぶるとある。

そうしてみると密教経典以前の観音で冠をかぶるのは、四十巻本『華厳経』が初めてであろう（成立については次章でふれたい）。

なお浄土思想を説く『観無量寿経』は天台系、浄土系の宗派で重視される経典であるが、そこにも観音が登場し、冠をかぶる姿ではっきりと描かれている。しかしこの『観無量寿経』は中国、もしくはインドと中国の中間の中央アジアで作製され、かなり後世になってから、おそらく五世紀以後に成立したものである。

王と冠

インド一般では、歴代の王はみな冠をかぶったと伝えられている。この点はインドのコイン

に刻印された王の姿を研究したオーストリアのローベルト・ゲーブルが、大部な本を出版している。彼は、[*2]クシャーナ王朝第三代君主ヴィーマ・カドフィセース、第四代君主カニシカ一世、二世、フィヴィシカ王など、インド歴代の王の服装とともに冠を研究した。それによると、王によって冠の特徴が看取される。その中で、フィヴィシカ王の尖った円錐形の冠は帽子に近い。ゲーブルはこれをドイツ語のクローネン、英語のクラウン（冠）と解している。

それぞれ盛装した姿、中には剣を持ったり軍服を着たりする姿の王もある。そのため冠なのか出陣のときのかぶり物なのかがはっきりしない物もあるが、ゲーブルは王冠、もしくは冠という帽子と判断している。

仏典にも戴冠した王が描かれる。ブッダの父、浄飯王《じょうぼんのう》も戴冠していたことは『ブッダチャリタ』の次の記述からも知ることができる。

　家長として浮世の義務を果たしている王が冠をかぶり、肩にかかる真珠の首飾りをつけ、腕に腕輪をし、繁栄の女神ラクシュミーの膝であやされていても、輪廻からの解放のために必要とされることは修得できる（小林信彦訳）。

実在した王ではないが、アナラという王は『華厳経』の中で、頭に如意王摩尼宝石のついた冠をつけ、額の飾りにジャンブ河産の黄金（閻浮檀金）の半月を用い、耳にはインドラニーラ摩尼《まに》（宝珠のこと）の汚れない紺青色の耳輪を垂らし、胸には値の付けられないほど高価な摩尼宝石よりなる、光り輝き、汚れない大きな瓔珞《ようらく》（首飾り、胸飾り）をつけていた。彼の腕には天上の最上の摩尼の腕輪がくい込み、腕飾りがおどっていた。

と、宝石で飾りつけた冠をつけ、額の飾りとして黄金の半月や三日月、耳に紺青色の耳輪をたらし、胸には高価な宝石からなるアクセサリーをつけるとある。

神と冠

ヒンドゥー教の神々も冠をかぶる。『バガヴァッド・ギーター』という聖典にはクリシュナが、

王冠をつけ、棍棒を持ち、円盤を持ち、一切の方角に輝きたる光輝の塊であるあなたを

見る。

とある。ヒンドゥー教のシヴァ神については仏典の『マハーヴァストゥ』にもみられ、大自在天、いわゆるシヴァ神たちが頭にきらめく宝冠をつけたまま地面にひれ伏し、仏の教えを聞いたと記されている。

この場合、シヴァ神がかぶる冠の原語は「ジャタームクタ」とある。「ジャター」は「髻《もとどり》」という意味であるが、「ジャタームクタ」は髪を結ったような冠なのか、髪と冠なのか、両方に解釈ができる。仏典に「ジャタームクタ」という言葉は稀であるが、肉髻《にくけい》と冠とはその言語からして密接であることがわかる。

生天後の戴冠

死後、極楽に行くというのは大乗仏教になってから打ち出された来世観であるが、大乗以前の在家信者は自分が亡くなったあと、バラモン教と同じように兜率天《とそつてん》などの天に生まれることを願っていた。仏教でも天に生まれるとしきりに説いていた。生天後には、天の世界で大きな冠をかぶるということが『法華経』「普賢菩薩勧発品《ふげんぼさつかんぼっぽん》」に出てくる。具体的には、もしこの経典を書写すれば、この人が亡くなってからまさに忉利天《とうりてん》に生まれるであろう。このときに八万四千人の天女たちが歌舞音曲で迎えてくれるだろう。そうして七宝からなる冠をかぶり、天女たちの中で楽しく過ごすであろう。

というものである。

同じ『法華経』の中には天の世界に生まれ、彼らは「太鼓ほどもある王冠」をつけて天女たちの真中で暮らすでしょう、ともある。死後ではあるが、冠をかぶるという記述は、すでに原始経典の『増一阿含経』にも「布施をすると死後、天人になることができる。首《こうべ》にさまざまな宝の冠をつけ、多くの天女たちと遊ぶのは、布施をした果報である」と説かれている。

出家後は無冠

ブッダは出家前の太子であったときに戴冠していたことは多くの仏典の伝えるところである。宮殿をあとにし森に入るが、そのとき、今までかぶっていた冠を馬丁の車匿《しゃのく》に渡し、髪の毛を剃ったという。たとえば『雑阿含経』には、森に入った太子（菩薩）は瓔珞および冠を脱し、車匿に与えて馬をつかわして国に帰させた。そして一人、道を求める山に入っていった、とある。

また『ニダーナカター』にもブッダの伝記のくだりがみられ、

「わたしのこの髪は修行者にふさわしくない」と考えられたが、他にボーディサッタ（太子）の髪を切るのに適した者はいなかった。そこで、「刀でみずから切ろう」と思い、右手に剣をとり、左手に冠と髻をつかんで一緒に断ち切られた。髪は二アングラの長さになり、右に巻いて頭に着いた（藤田宏達訳）。

とある。このとき切った髪の毛が、右に巻いて再び頭に付着したという。そうすると、剃髪したはずの頭に髪の毛があるということになる。最初期の仏像の頭髪がパンチパーマのように描かれることがある。おそらくその手がかりとなったのが、こうした一節であろう。

ともかく俗世間から出家する際の一つの峻別が、かぶっていた冠の有無とされるのである。あるいはブッダの伝記の一つ『仏本行集経《ぶつほんぎょうじっきょう》』には、父親の浄飯王《じょうぼんのう》は太子が森の中に入って冠を取って髪の毛を剃り、袈裟を着けたと聞いて悶絶して地に倒れた。しばらくして息を吹き返したが、地面の上でもんどりうって激しく泣いたとある。

『過去現在因果経《かこげんざいいんがきょう》』にも、太子が正式に戴冠式を迎えるときに、

勅して七宝の天冠及《およ》び瓔珞を作りて太子に与う。

（七宝からなる冠と装身具を作らせて太子に与えた）

とある。ブッダは太子時代、冠をかぶっていたという前提がこの点からも想像できる。しかるに出家後は森の中で、

便《すなわ》ち宝冠を脱し、髻中の明珠を以て車匿に与え、之に語って曰く、此の宝冠及び明珠を以て、王の足下に致し、汝、我が為に大王に上白すべし。

（そこで宝冠を取り去り、巻いた髪の毛の中にある宝石を馬丁の車匿に与えていわれた、「この宝冠と宝石を持参して王の所に行き、そなた、私のことを王に伝えなさい」）

と、冠と頭の髻の中にある玉を馬丁の車匿に与えて王の足下まで行き、王に手渡すように言ったとある。このくだりははるか後の『今昔物語』にも同じような文脈で伝承されている。

戴冠する理由

ところで冠を脱ぎ捨てたはずのブッダあるいは菩薩が、なぜ再び戴冠することになったのであろうか。アメリカのインド史学者ローゼンフィールドはその理由として、クシャーナ王朝という時代が関係するとみている。クシャーナ王朝の王は、宝石をちりばめた円錐形の冠をかぶっている。グプタ王朝とそれ以後のインドの王たちも、このようなものをかぶる。そうした円錐形の冠は神々の中でも力の神ナーラーヤナ、転輪聖王、人間の最高の王だけに認められるという。

グプタ王朝のころになると、冠はさらに太陽神のスールヤ、財産の神のクベーラ、仏教の菩薩にまで適用されるようになっていった。ローゼンフィールドは、こうした時代思潮の影響で仏・菩薩も冠をかぶるようになったのではないか、とみている。

転輪聖王の投影

こうした時代思潮という視点のほかに、転輪聖王の影響も考えられる。理想的な帝王は王である以上、そのシンボルとして冠をかぶると考えられたとみることができる。理想的な帝王の姿はブッダと共通する身体的な特徴があるとされている。すなわち転輪聖王とブッダにしかみられない三十二種類の特徴である。これは『スッタニパータ』に、

われわれの聖典の中に偉人の相が三十二伝えられている。それを具えている偉人にはただ二つの道があるのみで、その他の道はありえない。もしもかれが在家の生活を営むならば、かれは転輪王となり、正義を守る正義の王として四方を征服して、国土人民を安定させ、七宝を具有するに至る。しかしながら、もしもかれが家から出て出家者となるならば、真の人・覚りを開いた人となり、世間における諸の煩悩の覆いをとり除く（中村元訳）。

とある。こうして転輪聖王の姿がブッダの生涯にわたって影のごとくつきまとうのである。

なお大乗になると、ブッダはもともと太子ではなく、「王」であるという表現もある。ブッダは出家前、即位してはいないが、王と同格にみなすのである。それは、浄土教経典の『無量寿経』であり、国王がいて、この人が仏の説法を聞いて喜び、そして道を求めようと一念発起して、国を捨て王位を捨てて沙門《しゃもん》（僧のこと）となり、法蔵《ほうぞう》という菩薩になったというものである。この菩薩とは、のちの阿弥陀仏のことである。

あるいはブッダそのものを王と解する仏典もある。『華厳経』では転輪聖王はすなわち毘盧遮那仏である、と同一人格であるとする。毘盧遮那仏とは『華厳経』の教主で、わが国でいえば東大寺の大仏である。「毘盧遮那」とは太陽を意味する。この点は『華厳経』の中に、

転輪王は毘盧遮那仏これなり。

（理想的帝王というのはビルシャナ仏のことである）

と六十巻本でも八十巻本でも説かれている。

同じ『華厳経』では、菩薩は転輪聖王のごとくであれ、とも説かれている。転輪聖王は統治のために教えを説く、そのように菩薩も人びとに教えを説く点で共通するのだという。大乗仏教になってこのように転輪聖王のイメージがブッダのみならず菩薩にまで重なるとともに、冠も仏・菩薩がかぶるようになったと思われる。

三十二相にみる髪型

三十二相とは三十二種類の身体的特徴をいうが、その一つに髪型に関するものがある。原始

経典の『中阿含経』では、

頂に肉髻《にくけい》あり、団円にして相称い、髪は螺《ら》して右旋す。

という。

とある。頭に髻があり、団子のように丸く持ち上がり、髪の毛は螺旋《らせん》状に右に巻いているとい

こうした三十二相とともに、さらに細かい身体的な特徴の分類に八十種好《はちじゅっしゅごう》がある。その中にも髪は右にカールしているという特徴がある。仏像を制作した人たちは、パンチパーマのような巻き毛を仏の頭に造形している。その巻き毛を無数とみるか、一つとみるか、あるいは無数にあって真中に一つ大きいものがあるというようにも解釈できる。先に示した『ニダーナカターー』には、太子は髪を剃った直後、すぐにその髪の毛が右に巻いて頭に付着したとある。そうした記述を手がかりとして、仏像制作者たちはあのような形で造形したのであろう。

教義書の『大毘婆沙論』では髪に関して、

仏の頂髻は骨肉合成し、量は覆拳の如く青円殊妙なり。
（仏の頭の頂は骨と肉とからなり、大きさは拳のごとくで青く丸く美しい）

とある。これは骨と肉とが合わさって頭の上にあるというものであり、奇妙ではあるが、こうした解釈もあったのである。

肉髻と冠

多くの仏典で「肉髻《にくけい》」と訳される「ウシュニーシャ」の語に、冠の意味があることは注目すべきである。髪型なら盛り上がった冠のような形となり、かぶり物であれば冠となる。ただ仏典の伝える王の頭にある場合の「ウシュニーシャ」は冠の意味であろう。というのは『ジャータカ』や『アヴァダーナ』の中に王の所有物を描いた箇所があり、それは払子《ほっす》・冠・剣・傘・靴の五種とされ、『ディビヤ・アヴァダーナ』でも冠・傘・剣・払子・草履とあるからである。ちなみに払子とはもともと蝿払いであり、暑いインドでは食物にすぐに蝿がよってくるのでそれを追い払い、また蝿がいなくても清めの意味で用いる物である。

つまり三十二相はすべて身体の特徴であって、持ち物やかぶり物のことではない。それゆえ理想的な王と太子にみられる三十二相でいう場合の「ウシュニーシャ」は冠ではなく、「髻」「肉髻」で髪型といえるであろう。

まとめ

仏、菩薩が戴冠するに至った理由をまとめてみると、次のようになろう。

一つはヒンドゥー教の神々が皆かぶっていたこと。二つ目は、古代インドの王も冠をかぶっていたこと。三つ目は多くの仏伝が伝えるように、ブッダは出家前の太子時代、戴冠していたが、のちになって復活したこと。四つ目は、大乗特有であるが「王」が出家して菩薩となったり（『無量寿経』）、仏と転輪聖王が融合（『華厳経』）したりする考えが認められるから、仏、菩薩も王の姿をとり、戴冠するようになったとしても奇異でないことである。以上の四通りが考えられる。

＊1三十三身　観音が衆生を救うために、場合に応じて帝釈天、自在天、毘沙門天など三十三に身を変える姿。
＊2クシャーナ王朝　中央アジアから北インドにかけて、一～三世紀頃まで栄えた王朝。

第九章　戴冠仏の起源

戴冠する菩薩たち

いつごろから冠をかぶる仏・菩薩が出現するのであろうか。

『華厳経』には、冠に関する記述を多数認めることができる。第一に、その名称に「冠」の字のつく一群の菩薩が登場する。『華厳経』では十という数を定式化し、それで多くの教理やものごとを数え上げることが多い。十で数え上げる菩薩とは、天冠《てんかん》菩薩（デーヴァ・ムクタ、いずれも冠の原語はムクタ）、普照法界智慧冠《ふしょうほうかいちえかん》菩薩、道場冠《どうじょうかん》菩薩、普照十方冠《ふしょうじっぽうかん》菩薩、一切仏蔵冠《いっさいぶつぞうかん》菩薩、超出一切世間冠《ちょうしゅついっさいせけんかん》菩薩、普照冠《ふしょうかん》菩薩、不可壊冠《ふかえかん》菩薩、持一切如来獅子座冠《じいっさいにょらいししざかん》菩薩、普照法界《ふしょうほうかい》虚空冠《こくうかん》菩薩である。

『華厳経』にはサンスクリット本、六十巻本、八十巻本、「入法界品」だけの四十巻本があり、そのいずれにもこうした冠の名のつく十人の菩薩が登場する。

第二に、菩薩の名前はいうに及ばず、実際に戴冠する菩薩が登場する。たとえば「盧舎那品」（六十巻本）という一章に、

菩薩の天冠、宝の瓔珞《ようらく》は、離垢荘厳《りくしょうごん》の光明に照らされ、妙香、砕宝悉《ことごと》く充満す。

（菩薩の冠と宝石のアクセサリーは汚れなき厳かな光に照らされ、芳しい香り、微細な宝で充ち満ちている）

とある。ここでは明らかに菩薩は戴冠して、とりわけその冠が厳かな光明に照らされて輝きわたっているという。同様に「如来相海品」（六十巻本）にも、

勝妙の功徳蔵と、菩薩の功徳宝の天冠とは、普く極高雲を照し、離垢清浄なり。

（すぐれた功徳の蔵と菩薩の功徳を意味する宝石を鏤《ちりば》めた冠とが、高くなびく雲を照らし汚れなく清らかである）

と、菩薩の功徳を意味する冠が雲にまで輝き、汚れなく清らかであるとする。そのほか（八十巻本）にも、

中に於て普く諸の菩薩衆の咸《ことごと》く宝冠を戴きて諸の行海を演ずることを現ず。

（とりわけ菩薩たちは悉く宝冠をかぶり、修行という海を航海する姿がみられる）

と、菩薩全員、宝の冠をかぶり、修行という海を航海する姿が現出しているという。あるいは「入法界品」（八十巻本）ではさまざまな方角に菩薩がいて、とりわけ西の方角にいる菩薩たちは、

心王の宝冠を以て其の首《こうべ》を厳《かざ》り、其の眷属と与《とも》に結跏趺坐《けっかふざ》せり。

（心を意味する宝冠を頭にかぶり、従者たちとともに坐禅している）

とあり、宝冠を頭にかぶり、とりまきの者たちとともに坐禅しているという。なおこの「入法界品」のくだりは六十巻本では「宝冠」ではなく「髻《もとどり》」とあって、伝承により違いがみられる。しかし東北の方角の菩薩は六十巻本でもやはり戴冠するとあるので、版本に違いがあろうとも、西方であれ東北であれ、いずれかの方角にいる菩薩が戴冠することに変わりはない。

第三に、大乗仏教では六波羅蜜の第一に「布施」が説かれるように、布施をことのほか強調するが、『華厳経』にみられる菩薩は冠を所望する者があれば、その者に冠を布施する、と説かれる。たとえば「金剛幢菩薩回向品《こんごうどうぼさつえこうぼん》」に、

菩薩摩訶薩、灌頂《かんじょう》の大王と為《な》り、威力自在にして、天冠と髻中《けいちゅう》の明珠とを布施して、一

切に給施し、衆生を摂取して施心を長養す。
〈菩薩大士は修行の最終段階の水を頭に注がれて王〈転輪聖王〉となり、心の力が自由自在で冠と髻《もとどり》の中の玉とをすべての生きとし生ける者に施して救い、施与の心を増大させた〉

とある。ここでいう灌頂の大王とは転輪聖王のことをいい、菩薩は転輪聖王のごとく神通力を自在に駆使し、冠と髻の中の玉とを欲する者があれば布施するというのである。そして、

一切の衆生をして、十力の冠を成じて、以て其の頂に冠、智慧海蔵清浄に具足せしめん。
〈すべての生きとし生ける者に十種の力を意味する冠を作ってかぶらせ、海の蔵に匹敵する清らかな知慧を獲得させよう〉

と、一切の人びとに十力というあらゆる力を意味する冠をかぶせ、大海のような純粋な智慧を体得させるという。さらに続けて、

是を菩薩摩訶薩の天冠の明珠を捨つる善根廻向と為す。一切の衆生をして、勝妙の智慧を皆悉く清浄ならしめ、浄智慧の摩尼宝の冠を得しむるなり（六十巻本）。

（これは菩薩大士が持つ冠についている玉を施すという善心による振り向けであり、すべての生きとし生ける者のすぐれた知慧を清らかにし、純粋な知慧を意味する黄金の冠を獲得させることである）

是を菩薩摩訶薩の宝冠を施す時の善根回向と為す。衆生をして第一智の最も清浄なる処の智慧摩尼の妙宝冠を得しめんが為の故なり（八十巻本）。

と、ここでも菩薩は所持する天冠の中の玉、もしくは智慧を意味する冠を欲するすべての者が獲得できるように願う、というのである。

冠を人びとに施与する菩薩についてはそのほか、「金剛幢菩薩回向品」に、

菩薩摩訶薩は復《ま》た是の念を作さく、此の如きの善根に若《も》し果報有らば、我当《まさ》に未来際を尽して菩薩の行を行ずべし。衆生を捨てざるが故に、大捨を修行し、一切衆生に回向して悉く余り有ること無けんと。無数の世界に珍宝を充満せしめ、（略）無数の世界に雑宝を以て荘厳《しょうごん》せる天冠を充満せしめん。

（菩薩大士はまたこのように念じた、こうした功徳の根本にもし果報があるならば、わたしは未来の果てまで菩薩としての務めを果たしたい。生きとし生ける者を救うためにあらゆるものを施し、

功徳を振り向け尽くそう。あらゆる世界に貴重な宝石を鏤め、あらゆる世界にさまざまな宝で飾られた冠で満たすであろう）

とあり、菩薩は将来にわたって修行し続け、生ける者のためにあらゆるものを布施する、珍しい宝やさまざまな宝で飾られた冠を世界に満たしたいとある。いずれも冠を所望する者には菩薩はそれを施与するというのである。

『華厳経』「入法界品」は善財童子《ぜんざいどうじ》（仏法に縁のある幼童の一人）が五十三人にのぼる師を尋ねて教えを乞う話を主題とするが、その善財童子が、ある一人の天人から冠を入手するという記述もある。修行中の善財童子が戴冠したかどうかは知り得ないが、ここでも冠の存在にふれている。

戴冠のきっかけ

『華厳経』には菩薩が戴冠に至る二つの手がかりが認められる。その一つは菩薩が転輪聖王とのかかわりで説かれることである。それは「入法界品」（これは六十巻本だけ）に、譬えば、転輪王に妙天冠有り、名づけて象蔵と曰う、彼の冠を洗う時は、四種の兵衆虚空に遊行するが如し。菩提心の冠も亦復た是の如く、諸の菩薩の一切の善根を浄め、三有を遠離し、如来の智慧は無為の境界の虚空の中に行く。

（たとえば理想的帝王には美しい象蔵という名の宝冠があり、かれが冠を洗うときに象、馬、歩兵などの兵隊が空を行くようなものである。菩提心という冠もまたそのように多くの菩薩のすべての功徳の根本を清め、三種の存在を離れ、仏の智慧は悟りの境地で空を行くのである）

と、転輪聖王は戴冠していて、その冠にも象蔵という名があるとする。

八十巻本とサンスクリット本のこれに対応する部分は、いずれも転輪聖王には香りという宝があるとし、伝承によってここでも違いがみられる。しかしもっとも古いとされる六十巻本に冠とあるし、転輪聖王が王である以上、戴冠するのは当然なのでなんら不思議ではない。ここでは転輪聖王の冠と菩薩の冠とを対比してあげている。

その二は、バラモン教の神とのかかわり、とりわけ帝釈天と菩薩とのかかわりがみられる。これは、

譬えば帝釈《たいしゃく》は摩尼の冠を著《つ》けて一切諸余の天衆を映蔽するが如し、菩薩摩訶薩も亦復た

是の如く、菩提心の大願の宝冠を著けて一切の三界の衆生に超越す。
（たとえば帝釈天が宝石からなる冠をかぶってすべての天の世界に反映するように、菩薩大士もまたそのように菩提心という大いなる願いの宝冠をかぶってすべての生きとし生ける者から超越している）

と、帝釈天が戴冠すればあらゆる神々の存在を薄くするように、菩薩も菩提心を意味する冠を着けるがゆえにあらゆる衆生を圧倒するというのである。この部分も八十巻本だけに冠とあり、六十巻本、サンスクリット本ではアクセサリーとする。しかしここでも神である帝釈天が戴冠するのは自然な姿であり、やはり菩薩の冠と対比して説かれている。

帝釈天ばかりでなく、他化自在天《たけじざいてん》という神も戴冠する。

譬えば他化自在天の、閻浮檀金《えんぶだんごん》の自然の天冠を冠ぶれば、欲界諸天の壊すること能《あた》わざる所なるが如し。菩薩摩訶薩も亦復た是の如く、菩提心の大願の天冠を冠ぶれば、声聞縁《しょうもんえん》覚《がく》の壊すること能わざる所なり。

（たとえば他化自在天が森林を流れる河の砂金からなる真実の冠をかぶれば、欲という天の世界にいる神々はそれを破壊することができない。そのように菩薩大士もまた菩提心という大いなる願

いの宝冠をかぶれば、教えを聞くだけの者、独りで悟る者たちはそれを破壊することができないのである）

とあり、他化自在天が地上世界の黄金からなる冠をかぶれば、下層の天界である欲界にいる神々は他化自在天を打ち破ることはできない。そのように菩薩たちも菩提心を意味する冠をかぶれば、一段低い声聞《しょうもん》*1や縁覚《えんがく》*2たちは、菩薩の菩提心（冠）を打ち破ることができないというのである。

この部分ではサンスクリット本だけに黄金の飾りとある。いずれにしても帝釈天、他化自在天の戴冠が菩薩の冠と対比して説かれており、そのことは神々の冠が菩薩の冠の背景にあったことが推察されよう。

なお死後、戴冠できることは、『増一阿含経』に布施をすれば天に生まれ、さまざまな宝からなる冠をかぶって天女たちと遊ぶという果報があるとされる。『法華経』でもこの経典を書写すれば天に生まれ、太鼓のような冠をかぶることができるという。いずれも現世でなく来世で戴冠できるという。しかしながら『華厳経』の場合は、いま現に菩薩たちが戴冠した姿であるという点で大きな違いが認められる。とりわけ他化自在天のくだりでは、菩薩の戴冠は大乗以前の仏教者である声聞や縁覚にはできない、つまりかれらからみて一段低い者たちは戴冠できないことを意図的に強調している。これは大乗以前の修行者が戴冠してないことを示唆するといっていい。

このように大乗の菩薩は、従来の修行者たちよりも冠を含め優れて美しく、きらびやかな姿をし、ついに戴冠するようになったと思われる。

『華厳経』からみる限り、菩薩たちが戴冠する思想的背景として転輪聖王や神々が戴冠し、それが菩薩と呼応して示される。菩薩が戴冠するに至った背景には、そうした影響があったと考えられる。

戴冠仏の出現年代

戴冠する菩薩、あるいは仏はいつごろから仏典に登場するようになったかといえば、このように大乗でも特に『華厳経』に初めて戴冠する菩薩が出てくるので、それ以後のことであろう。

『華厳経』の成立年代については仏教学者の梶山雄一氏（一九二五―二〇〇四年）が、全体の成立は四世紀中頃より少しさかのぼれるとされている。ただしその中の一節「入法界品」に限れば、紀元後三世紀頃よりもいくらか古いという。中国の華厳思想が専門の木村清孝氏は「入法界品」といえども『華厳経』全体の成立と同じころ、つまり四世紀頃であろうとみている。

そうしてみると、インドにおいて仏像を含む図像、彫刻のうえで戴冠がみられるのは、『華厳経』の成立以後のことで、三、四世紀頃からであろう。

ともかく最初期の大乗経典である『般若経』『法華経』『無量寿経』には戴冠する仏、菩薩など出てこない。したがって戴冠する菩薩や仏がみられるのはそれ以後であり、それも『華厳経』の成立以後のことと考えられる。

＊1声聞　仏の説法の音声を聞いて悟る人。

＊2縁覚　師がいなくて、独自に悟った人。地位としては声聞の上、菩薩の下になる。

第十章　王の衣装をまとうブッダ

戴冠する仏たち

戴冠《たいかん》する菩薩については、具体的に『華厳経』にみられるが、ブッダ（釈迦）自身が戴冠する像も多く存在する。インドでも十世紀頃とされるヴァイシャーリーで出土したブッダの像が戴冠した姿をとるし、日本でも鎌倉円覚寺、京都の臨済宗金閣寺などに「宝冠釈迦如来」（図19）がみられる。

ところが戴冠だけでなく、王の衣装までまとうブッダ像（158頁図21参照）が、ミャンマー（ビルマ）のアラカンに存在する。この像はマハームニパゴダにあり、ミャンマーでも最古のものといわれている。

このブッダの像は、高さ四メートルで全体に金箔が施され、今も参詣する人が二センチ四方の金箔を貼りつける独特の習慣がある。

図19　木造宝冠釈迦如来坐像
（満昌寺蔵、写真提供・横須賀市）

ミャンマー仏教の特色

ドイツのハインツ・ベッヒェルト（一九三二―二〇〇五年）の著書に、セイロン（スリランカ）、ビルマ（ミャンマー）、ラオス、カンボジア、タイといった国の仏教と国家、社会に関する全三巻からなる大冊がある。ここではこのベッヒェルトの研究を紹介しながら、みていきたいと思う。

氏の研究によると、ミャンマーには紀元前三世紀頃、インドから仏教が伝来した。碑文や考古学的な遺跡からみると、紀元前一世紀にはヒンドゥー教も伝来していたとされる。

ミャンマーは多民族国家なのでモン族、クメール族はインド文化の影響を、中国の雲南やチベットから南下してきたピュー族、アラカン族はヒンドゥー教でもとりわけヴィシュヌ信仰、そのほか仏教では小乗と大乗、それにタントラ[*1]仏教の影響があるという。

ただ小乗仏教といえども多くの教団があり、もっとも勢力のあった説一切有部《せついっさいうぶ》教団を例にとってもミャンマーにどのような仏典が伝来したか、あるいは大乗ではどのような経典、思想潮流が影響を及ぼしたかまではふれていない。ベッヒェルトの研究は国家の歴史と仏教のかかわりを主としたものゆえ、仏典とミャンマーの仏教との直接的な影響関係を論じたものではない。

転輪聖王について

ミャンマーの王の衣装を着けた仏像については、ミャンマーに比丘僧《びくそう》として滞在経験のある亜細亜大学の生野善應氏が『ビルマ佛教――その実態と修行――』（大蔵出版刊）という本の中でふれている。それによると、王の衣裳をまとうブッダは「ザプパティ」と呼ばれた。これはパーリ語の「ジャムブパティ」で、インド全体の「主」という意味であるという。さらにザプパティは王者の服装を着る仏像であるが、その由来は次のごとくとされる。

あるとき、シャカがザプパティ王の国へ説法におもむいた。シャカは熱心に説法をしたけれども、そこの国の人びとはザプパティ王の威力のみ信じて仏の教えをかえりみようとしなかった。そこでシャカは、ザプパティ王の服装をした姿に変身して、王を圧し、仏法を宣布して人びとの教化に努められたという。

この因縁譚は『タターガタ・ウダーナ・ディーパニィ（如来自説灯）』という仏典にあるとされるが、現存するパーリ語聖典にはみられないものである。「ジャムブパティ」という言葉も原始経典の中には見い出せない。パーリ語の仏典はミャンマーでも創作されているから、この仏典はミャンマーで成立したものと考えられる。

「ザプパティ」とは転輪聖王《てんりんじょうおう》のことをいい、ブッダは王の姿に変身して説法したというのである。

転輪聖王とブッダの共通点――三十二相

転輪聖王のあり方は、ブッダが誕生したときから亡くなるまでずっと、影のようにつきまとっていく。とりわけ双方に共通する注目すべき点として二つあげることができる。

一つは三十二相である。ブッダは、誕生したときすでに三十二種類の身体的特徴があったとされることは、きわめて古い仏典の一つ『七仏経』に出てくるし、『スッタニパータ』にも取り上げられている。部派仏教の教義書『施設論』では、転輪聖王とブッダの特徴を対比した記述がみられる。

転輪聖王の姿は端正荘厳であり、三十二種類の偉大な人の特徴を備えていて人びとから賞賛されている。ちょうどブッダの三十二種類の特徴が清らかであり円満であり、人びとから仰ぎ見られているのと同じである。また、双方ともに三十二相があるからこそ人びとから賞賛される。あるいは双方に三十二種類の特徴があるゆえんは、人びとを救い、人びとの願いを実現させる存在だからという。

もっとも、相違もあるという。転輪聖王が持つ輪（チャクラ）はブッダの場合は八正道に相当し、前者の所有する無限の財産は、後者では無限の名声に対応する。転輪聖王には優れた千人（むろん架空の数）の子どもがあるのに対し、ブッダには千人の弟子がいる。転輪聖王には病があるのに反し、ブッダは無病といった具合である。

もっとも膨大な理論書『大毘婆沙論』になると、なぜ特徴が三十二という確定した数なのかという問いがあり、この数は吉祥な数だからとされる。仏である以上、それが一つ欠けても、一つ多くてもいけないという。また三十二という数に固執するのは執着になるのではないかという問いもある。執着ではなく仏の教えを拒絶しようとする人たちを帰依させるには三十二が必要だ、という説まであって興味深い。

王と法王

転輪聖王とブッダの共通点の二つ目は、ともに「王」とされる点である。前者が世俗の王なのに対し、ブッダは「法王」（ダルマラージャ）、つまり宗教上の王とされる。このようにブッダ

を法王とみることもやはり最初期の聖典『スッタニパータ』に認められる。そこではブッダ自身が、

　私は王者であり、最高の法王である。法によって輪（法輪）を活動させる。それは押し
　戻されることのない輪である。

と名乗ったとされている。

あるいはギリシャの王ミリンダと高僧ナーガセーナの対論書『ミリンダパンハ』には、如来と世俗の王との関係について論じる箇所があり、ギリシャの王がナーガセーナになぜ如来は王と呼ばれるのかと問う。するとナーガセーナが、

　大王よ、王とは政治を行ない、世間（の人びと）を教えるのです。大王よ、尊い師もまた、一万の世界を正法によって治め、そしてもろもろの神を含み、魔を含み、梵天を含めた世界や、沙門およびバラモンを含めた世界を教えます。この理由によって如来は王であると言われます。

と、ともに人びとに教えを説くからだと答えている。また王は偉大な名声と栄光を担い、悪を憎み善をたたえる点でブッダと共通するというのである。

原始仏典の一つである『テーラガーター』には「法王」の呼称だけでブッダを示す記述が認められる。

ブッダを「法王」とみることはのちの大乗でも、たとえば『法華経』に認められ、ブッダ自身が「仏であり法王でもある私は」と言っている。『阿弥陀経』の玄奘訳『称讃浄土仏摂受経《しょうさんじょうどぶっしょうじゅきょう》』ではブッダを「釈迦法王如来」と表現したり、『華厳経』でも、

> 如来は普周して法界に等しく、垢の衆生の為に世に出現し、諸の欲する所に随いて為に法を説きたもう、是を無上の勝れたる法王と名く。
> (仏はこの世に遍満するゆえ、真理と等しい存在であり、汚れた人びとを救うためにこの世に現れ、思いのままに説法している。だからすぐれた「法王」と名づけるのである)

とある。『華厳経』ではその中心に位置する毘盧遮那仏《びるしゃなぶつ》(図20)は全世界に遍満するという立場をとる。その後の密教における大日如来と同じ立場である。同じ『華厳経』では法王、つまり

ブッダに関し、

菩薩は十法を学ぶべきである。十とは何か。よく法王の止まるところを知り、法王の行くところの所作を知り、法王の止まるところで安らかであることを知り、法王の止まるところへの入り方を知り、法王の止まるところをよくわきまえ、法王の美味な聖水を知り、法王の教えを保つことを知り、法王の畏れのない教えを知り、法王の執着のない教えを知り、法王の教えを称讃することを知ることを学ぶ。なぜかといえば、あらゆる教えにおいて自由自在の智慧を獲得しようとするからである。

図20　毘盧遮那仏（東大寺蔵）

と、法王の役割を十という数で示している。

このようにブッダを法王とみなすことは、原始経典ばかりでなく大乗経典でも変わりはない。

ミャンマーに生きる法王の観念

ミャンマーの王の衣装をまとうブッダに戻ろう。ベッヒェルトによれば、ミャンマーでは仏を「法王」とみなす観念は、いまもって厳然と生き続けているという。

仏教の理想的帝王、すなわちチャクラヴァルテン（転輪聖王）もしくは世界支配者とみなされ、インドのヒンドゥー教の伝統の下にあるダルマラージャ（法王）という理念は、ミャンマーの人びとの間にずっと生き続けており、近代ミャンマーのイデオロギーに対するその影響は、あらゆる面において明白である。

そのように至ったゆえんは、王の即位式が神秘的で魔術的な祭式に基づくからであるとされる。こうして王権を神格、具体的には「仏」と解したのだという。このように世俗の王を「神の王」、結局法王とみなすに至った理論的起源は、インド仏教にあるという。

さらに、ベッヒェルトはミャンマーで王を特定の菩薩と解する点に注目する。

一般的に王は未来の仏、つまりマイトレーヤ（弥勒）とみなされている。それだけではなく王は別の将来の仏とも同一視される。つまり上座部仏教でもより古くから、もしも（王が）次の仏、弥勒菩薩（マイトレーヤ）と呼ばれるならば、無数の諸仏もまたマイトレーヤと呼ばれる。多数の菩薩たちもそのように呼ばれる考え方は、自明のことである。王が将来の仏、つまり弥勒菩薩と同一とみる傾向は近代にまで続いているという。

近代ではかなり稀になりつつあるものの、一つの特色は国家と仏教が相互に密接な関係にあり、支配者を将来の仏、それも菩薩と呼ぶことである。

ミャンマーで王と弥勒菩薩との一体化が過剰なほどに看取されるのは、原始仏教からではなく、大乗仏教の菩薩の観念との融合にあると次のようにいう。

ビルマの王たちは自分自身が菩薩と呼ばれる可能性を採用した。それも奇怪といってもいいほど過剰に認められる。ただ（王と菩薩の）同一視というのは、大乗仏教の教義に基づいている。（カンボジアの）偉大なクメールの王たちが観音菩薩と同一視されることは有名である。このような同一視というのは後の王たちにとっても理想像となり、上座部仏教（ここでは東南アジア仏教をいう）を公言するカンボジアの王たちにまで影響を与えた。これに対してセイロンでは、王を菩薩と呼ぶことは稀である。

転輪聖王イコール仏・菩薩であるという考え方は、ミャンマーの場合、具体的には弥勒菩薩、カンボジアでは観音菩薩と同一視された。この二つの国では弥勒とするか観音とするかで大きな違いがあるという。

ちなみにチベットでは国王は「活仏」であり、観音と同じという考え方をとる。若干の仏教国ではこのような考え方が認められることになる。

転輪聖王と仏の融合

転輪聖王と仏と類似性がみられるというのではなく、融合したものとみることが大乗経典、それも『華厳経』のうえに認められる。『華厳経』「入法界品《にゅうほっかいぼん》」ではブッダは毘盧遮那仏でもあり、しかもこの毘盧遮那仏は同時に転輪聖王、つまり理想的帝王であるという。

転輪王は盧遮那仏、是れなり。

経典の中でもこのように明確に説くのは、『華厳経』が初めてである。

『華厳経』の流布

『華厳経』は華厳宗という一つの宗派として中国、朝鮮半島、それに日本では奈良、東大寺と大きく発展した。東南アジアでは七、八世紀にインドネシアのボロブドゥールに影響を及ぼしたとされている。この点については中村元氏が具体的に、

インドネシアのジャワ島にボロブドゥールの遺跡があります。これはよく知られている遺跡で、石の回廊にいろいろな絵が彫刻されているのですが、そのかなりな部分を占めているのは、『華厳経』の最後の部分の「入法界品」を題材にしたものです。（略）これは密教ではないかという人もいます。それらの彫刻は七五〇年から八五〇年にかけてつくられたものですが、東大寺の大仏開眼は西暦七五二年ですから、日本で東大寺を中心として華厳の学問が講じられ研究され、そして大仏に『華厳経』の理想が表現されたのと、ちょう

ど同時代のことなのです（『大乗仏典』五　東京書籍刊）。

という。

ベッヒェルトはミャンマーに大乗仏教が伝播したというものの、具体的に『華厳経』にふれることはない。しかし『華厳経』では一人格の上に転輪聖王とブッダとの融合を説く点で、ミャンマー、マハームニパゴダのブッダ（転輪聖王に変装）は、王と仏・菩薩の融合した姿と呼応するものといっていい。

仏・菩薩の盛装

ブッダが転輪聖王と同じく三十二相をとり、しかも法王であり、出自が王族であるならば、仏像を制作した人たちが仏・菩薩を転輪聖王同様、最大限に盛装した姿で造形したとしても不思議ではない。仏・菩薩が盛装する理論背景の一つに『大毘婆沙論』に王族から出家した一菩薩、つまり太子は人びとを帰依教化するために崇高、卓越した姿をとるとある点である。それは、仏のあらゆる教えはすべて卓越したものであることをあらわすためである。すなわち身体の力、出身、従者、誉れ、財産、自由、見識、徳はすべて秀でている。もしそうでなければ、人は説かれた教えを信じないであろう。それゆえに菩薩は身体を飾るのである。

と出てくる。優れた功徳というのも高邁な姿であるからこそ、おのずと容姿にも顕現するというのである。さらに『大毘婆沙論』のいう「菩薩」の語は、ブッダ一人だけの固有名詞であった。それが大乗仏教になると、普通名詞に切り替えられ、悟りをめざす者はすべて「菩薩」とされる。そうして大乗仏教でいう菩薩は出家前の太子の姿とが重なり合い、その結果、菩薩すべてが盛装した姿をとるようになった。この点は『華厳経』「回向品」に、

菩薩は諸の眷属を具足し、色身端厳にして教命に順い、妙荘厳の具を校飾と為し、聡叡仁賢にして巧智慧あり。
（菩薩には多くの取り巻きの者がいて、身体は端正、荘厳で、教えどおり、美しい装飾品をまとい、聡明ですぐれた智慧がある）

と、菩薩たちは美しく着飾った姿をとるとあるし、同じく『華厳経』「賢首品《げんじゅぼん》」にも、

図21　王の衣装をまとうブッダ像（ミャンマー・マハームニパゴダ）（杉全泰著『海を歩いたブッダ』KDD クリエイティブ刊）

諸の相好を以て身を荘厳し、上妙の衣服及び衆の華、雑種の末香を以て身に塗り、此の厳飾を現じて衆生を度す。
（多くの飾りでもって身体を飾り、美しい衣装ならびにさまざまな花、多種の香りを身体に塗り、こうして荘厳な飾りを〈冠をも〉つけて人びとを救うのである）

とある。こうして大乗仏教でいう菩薩一般は、美しい衣裳を着て香を塗り、頭に花飾り、あるいは冠をつけて人びとを救うとされるようになった。

まとめ

このように大乗仏教でいう菩薩は、初期仏教でいう「三衣一鉢」だけの修行僧とは大きく訣別し、豪華な衣裳を身にまとうようになった。

ミャンマーにみられる王の衣裳を着けたブッダの像が出現した背景には、転輪聖王とブッダに共通する三十二相、「王」「法王」という共通観念があり、それに加えてブッダは太子時代、戴冠し盛装していたという前提があったためだと思われる。

ミャンマーでは王の衣裳をまとうブッダを国家も民衆も受け容れたのである。ただミャンマーでは、男子は全員、一度は出家すべきという規定があり、その際、自宅から手作りの冠をかぶり王子の姿をして僧院に向かう。そして僧院で冠を取り、今まで着ていた俗服を脱いで法衣に着替えるという俗から聖の世界へ入る儀式がある。そのような儀式のあるミャンマーで、冠と俗服を脱ぎ捨てたはずのブッダが再び戴冠し王の衣装を着るということについては、ミャンマーの人たちは違和感を持つことがなかったのであろう。

もとよりミャンマーの仏像がすべて王の衣装を着けているわけではなく、マハームニパゴダの仏像を含む若干だけである。しかしこうした仏に対する人びとの信仰は、とりわけ篤いということである。

＊1タントラ仏教　欧米の研究者は、密教全般、とりわけ九世紀以降の後期密教を、「タントラ仏教」と呼ぶことが多い。

第十一章　戴冠と下着姿の観音

三衣プラス下着

観音は多数の装身具で着飾り、盛装した姿をとることが多い。しかし中には十一面観音のように、鹿皮を衣としたり、下着姿だけの観音もある。後者の代表は聖（正）観音である。わが国の仏像で著名なものに法隆寺の夢違《ゆめちがい》観音、薬師寺の聖観音があり、ともに国宝に指定されている。下半身用の下着は「裙《くん》」（ニヴァーサナ）もしくは「裳《も》」と呼ばれ、最低限の所有を意味する「三衣一鉢」（三衣は内衣、普段着、外出着）の原則以後に付加されたものである。

三衣以外の下着着用については、「パーリ律」「大品」に次のように認められる。師たるものはあらかじめ弟子に対して鉢、衣、生活資材を与えるべきという中に、

師はもしも弟子が村に入ろうとする時、下着を与え、補助の下着を採り、帯を与え、外出着を畳んで与え、鉢を洗って水を入れて与えるべきである。

とある。ここからはすでに最低限の所持品としての三衣以外に、帯、下着のあったこと、それを師は弟子に与えるべきことが知られる。弟子は反対に師が村に入る時にも、

もしも師が村に入ろうとする時、下着を与え、補助の下着を採り、帯を与え、外出着を畳んで与え、鉢を洗って水を入れて与えるべきである。

と、師が弟子にするのとまったく同様の所作をすべきだという。数多く現存する戒律書の中でも、「パーリ律」は最古といわれる。その「パーリ律」の成立した時代に、すでにこのように修行僧は下着を着用していたことになる。

下着着用の実状

修行僧が日常、三衣以外に下着を着けていたことは、成立の遅い根本有部教団の戒律書『根《こん》本説一切有部毘奈耶《ぽんせついっさいうぶびなや》』でもはっきり次のように描かれる。賊に出会ってすべてを剥ぎ取られ、全裸となってしまった修行僧が僧院に戻ってきた。当初、裸体をたてまえとするジャイナ教徒と疑われ、中に入れてもらえず、はっきり自分の名を名乗ってようやく入れてもらった。その後三衣、下着、鉢などが与えられたという。

あるいは午後、一人の修行僧が森林で坐禅していた。そのうち快くなり眠ってしまった。そうこうするうちに虫のたぐいが男根に食いつき、興奮して下着が乱れた。この事態を知ったブッダは、森林で坐禅する際は、状況に応じて周りに柵を設けて虫などが侵入しないよう遮るべきである、もし睡気を催したなら、下着を固く身体にまとうべきであると諭した。

あるいは同じ根本有部教団の『律摂《りっしょう》』によると、下着のサイズとして地面に着かない長さであること、また下着の役割は「羞恥」のためと解している。裸体は良風を乱すという観念が徹底していたのである。

七世紀にインドを訪問した義浄《ぎじょう》（六三五―七一三年）がナーランダーという大寺院に赴いた際、その地の修行僧たちが沐浴する風景を伝えている。


那爛陀《ならんだ》寺に十余所の大池あり、晨時に至る毎に寺に犍稚《けんち》を鳴らし、僧徒をして洗浴せしむ。人は皆自ら浴裙を持し、或は千、或は百、倶《とも》に寺外に出でて散じて諸の池に向かい、各澡《そう》浴を為す。

（ナーランダー寺院には十余の大きな池があり、毎朝、寺では鐘を鳴らして合図し修行僧を沐浴させている。かれら千人もしくは百人皆、沐浴用の下着〈裙〉を着け、一緒に僧院から出てそれぞれの池に入って沐浴している）

これは修行僧たちは皆、規律に従い下着を着けて沐浴していたという報告である。

下着モード

観音の中でもとりわけ聖観音（116頁図18参照）が下着姿とされる出典は『聖観自在菩薩心真言瑜伽《ゆが》観行《かんぎょう》儀軌《ぎき》』に、

赤色の裙を著《ちゃく》す。
（朱の下着を着けている）

とあることに由来しよう。聖観音は上半身は帯状の細くて長い薄衣を纏《まと》い、下半身が下着姿、それに戴冠のいでたちをとる点に注目すべきである。このアンバランスな姿のゆえんまでは仏典に示されていない。すでに述べたように、戴冠はバラモン教の神々や理想的帝王（転輪聖王《てんりんじょうおう》）の反映、あるいはブッダの太子時代を彷彿とさせる。一方、下着のままであるのは、上着を着る間もなく寸暇を惜しんで衆生済度に奔走する姿であるかにみえる。しかしそうするというかんせん冠が不自然である。むしろ太子の幼少時代の反映とみるべきであろう。

下着モードといえる法服に、真言僧（とりわけ豊山派《ぶざんは》）が外出時に白衣の上に薄茶色の裙を着ける習慣が現在でも看取される。

このように下着をモードとすることは、奈良時代創建の塔にまで適用された。法隆寺金堂や五重塔、薬師寺三重塔の最下層の下に、もう一重、屋根の形で付けられている裳《も》、もしくは裳《も》階《こし》と呼ばれる独特な様式である。これは下着としてもう一層加えることによって、外観の優美さを際立たせる効果を図ったとされる。

これらは、建物や外装に意図的に下着が見えるようにした、モードといえよう。聖観音以外にも下着姿が盛装に昇華している点で、興味深い。

第十二章　薬

医王ブッダ

医王であるブッダが存在すれば、薬は不要だという考え方がある。ブッダを医王とみることは、すでに原始仏教の『雑阿含経』に具体的に説かれている。世間の医者が病人に応じて病巣を知り、それに応じて治す方法をわきまえ、治療をするように、ブッダも精神的苦悩であろうと、その原因をきわめ、どのように治すかまで熟知するのだという。

具体的にブッダを医王ととらえるのは、大乗仏教になってからも『華厳経』に認めることができる。世間の医者はあらゆる治療法に通暁しており、あらゆる薬草を識別してそれを相手に応じて処方し、病を癒すことができる。それと同じようにブッダも医王として人びとの苦悩、煩悩を治癒することができるという。

インドの説話文学の中には、慈悲によって疫病退治ができたということが説かれている。ブッダには慈悲という力があり、その力によって病気が治癒したというのである。これは紀元前後に成立し、いろいろな説話を収録した『百縁経』に認められる。サンスクリットで著された『アヴァダーナシャタカ』の漢訳が『百縁経』である。この『百縁経』では疫病が町中に広まったとあるのに対し、『アヴァダーナシャタカ』では単に病気をもたらす鬼、その鬼が町中を駆けめぐったとする点に、幾分違いがある。

『アヴァダーナシャタカ』では、民衆を殺害する鬼に苦しめられ、彼らは千にのぼる神々に助けを求めて祈った。いずれもバラモン教の神々で、具体的にはシヴァ、ヴァルナ、クベーラ、ヴァーサヴァ（インドラ）である。ところがなかなか疫病が終息しない。そこでブッダに依頼しに来る。するとブッダの慈悲の力によって、疫病が収まったというのである。

これは慈悲には物理的なパワーがあると説いたものである。慈悲に力があることは、原始経典の『増支部』経典の中にも、その力によって消火、解毒作用、また刀を振り回すような争いごとがあっても打破できると説かれている。そうしてみると慈悲には、人びとを慈しむ穏やかな面ばかりではなく、悪をも退治する強力な力があるというもので、このとらえ方は原始経典以来存在することになる。

『百縁経』でも具体的に、ブッダが町にやって来ただけで町中に蔓延していた疫病が収まったという。慈悲の力によってあらゆる危害を取り除くことができるという考え方は、大乗仏教になると観音が登場し、観音の名前を唱えればいかなる苦難に出会っても即座に困難が解消するとされる。それゆえ、観音の持つ強力な力も、すでに原始経典にみられることがわかる。

医薬と修行僧

修行僧が世俗の医療行為や薬の調合に携わるべきではないことは、『スッタニパータ』の中に、

呪術と夢占いと人相占いと星占いと鳥占いと懐妊法とを行なうな。私の教えに従うものは医術（中村元訳では「薬の調合」）にたずさわるな（渡辺照宏訳）。

とある。修行僧が医薬に携わるべきではないという考え方は、『テーラガーター』にも認められる。医師や在家者、遊女、王のような人びとは策を労して財を得る、だからそうした人たちから修行者は離れるべきであるという。

この点は『長部』経典「梵網経《ぼんもうきょう》」でも一つひとつの医療行為をあげ、いずれも修行僧には無益ゆえ携わるべきではないとされる。

この考え方は、後の部派仏教の時代になっても理論書の『発智論《ほっちろん》』では、異教徒たちが次のような見解をとる。象、馬、牛を調教したり、太陽、月、星座、赤色のガラス玉、薬などに従

事すれば、それによって清浄、解脱が獲得でき、苦楽のない極致に到達できる、という。しかし仏教からみればこれは誤った見解であり、解脱に至る方法ではないと批判する。

『大毘婆沙論』には、修行僧は薬を所持すべきかどうかという議論がある。薬が不要だというその理由は、修行に集中していれば煩悩という心の病にはならない。もし病気になっても、生老病死の四苦のうち、病苦という事実のとおり生きているかぎり誰にも病はあるし、ブッダの保護のもとにあれば病気にはならないから薬は不要、という考え方である。

このように、修行僧が医術、薬に従事することを禁じるに至った理由の第一は、三衣一鉢という基本的な立場からみれば薬の所持は不要である。第二にブッダは医王であるから、ブッダに帰依しているかぎり修行僧であろうと病はない。第三に医薬は占いとともに、バラモンたちなどが行う世俗の行為である。第三の点は、ジャイナ教の場合も医療行為や薬の調合はやはり世間一般の俗事であるとして、禁じている。

食物即薬

仏教には食物そのものが薬だという考え方もある。戒律書における食物一般に関する規定は、薬の章である「薬犍度《けんど》」で説かれている。あるいはブッダは悟りを開く前に苦行を中止した。

その後、牧女スジャーターからミルク粥の供養を受ける。そのミルク粥を薬とする解釈が、戒律書の『摩訶僧祇律』にはっきりみられる。

もとより人は食べなければ生きていけない。他方、ジャイナ教徒は、絶食による死こそ解脱への最善の道と讃嘆する。ジャイナ教では開祖マハーヴィーラ以来、六代までの高僧たちは絶食によって解脱に達したと讃えられている。

しかし、仏教では絶食して死ねば、それは飢え死にとしかみなさない。食べ物を摂らなければ生命を維持することができず、悟りに達するための修行も食物を摂らねばできないというのが仏教の立場である。これは食物がすでに薬、という立場である。

薬必要論

これに対して、薬は必要だという考え方も原始仏教以来認められる。修行僧は薬を所持してよいと説く教えに「四依」がある。第二章にも取り上げたが、「四依」は基本的な所有物として衣、食、臥具、薬の四つをあげ、これだけは所有してよいというもの。

実際問題として修行僧のみならず、ブッダであろうと害虫や蛇に咬《か》まれるという危険はたえずあったはずである。肉体が存在する以上はいつか病気、つまり「病苦」がある。そうした理由で薬は所持してよいというものである。

その場合、薬を服用する規定まで設けられ、昼まで、あるいは午後も飲んでいいとか、七日間いいとか、生涯ずっと飲んでいいとされるものもあった。

インド仏教では午後には食事を摂らないが、中国や日本の仏教になると、夕方に食事を摂る習慣がある。この食事は薬であるという便法で「薬石《やくせき》」といい、特に禅宗ではそのような食事を摂っている。

陳棄薬

では、具体的にどういう薬が許されたかというと、原始仏教以来説かれるのは「陳棄薬《ちんきやく》」である。これは牛の排泄物、具体的には尿で、稀に糞を含む場合もある。尿の場合はそのままか、煎じることもあったという。その効能について、『アビサマーチャーリカー』では、蛇などに咬まれたら大便、黄疸には小便が効くという。中国では宋代の律僧、元照《がんじょう》（一〇四八―一一一六年）が、小便は疲労に効き、大便は解熱作用があると解釈している。

こうしてみると当初、仏教徒はずいぶん奇異なものを所有していたかに思われる。ところがバラモンたちも陳棄薬を服用していた。この点は『スッタニパータ』に、バラモンたちは牛から生じた薬を服用する。それは気力を与えてくれたり皮膚に光沢を与えたり、安楽にしてくれるので、牛からとれるものはいずれも御利益があるとする。ここでいう気力がわき、肌の色つやがよくなる、安楽になるとの効果は、布施した人がその行為によって受ける功徳と、まったく対応するものである。

『マハーバーラタ』によると、牛から生じる「薬」には乳製品のほかに糞と尿があると、具体的にあげている。このくだりにはバラモンたちは菓子や野菜とともに牛の尿や糞まで、時として食べるとある。そうしてみると陳棄薬というのは、当時インド一般で薬とみなされ、仏教徒だけが服用していた特殊なものではないことが知られる。

陳棄薬については、紀元前二世紀頃のギリシャの王とインドの仏教僧、ナーガセーナとが対論した『ミリンダ王の問い』という対論書の中で、仏教徒は陳棄薬を使用するとギリシャの王に伝えている。

しかしながらかなり早い時期から、仏教では陳棄薬以外に、熟酥《じゅくそ》、バター、油、蜜、砂糖という特例が許されていた。病気であれば摂っていいというのである。

ここに出てくる熟酥とはヨーグルトのことをいい、そのほかのバターや油、蜜や砂糖は、当時でも美食であった。そのことは『摩訶僧祇律』あるいは『解脱戒経《げだつかいきょう》』に、甘美な食物と規定されていることからも知ることができる。

人間としてのブッダ

では医王ブッダ自身は、薬を使用しなかったのであろうか。この点は成道後八十歳で生涯を終えるまで、まったく健康であったかどうかという問題である。

原始経典の『長部』経典には、説法中のブッダの一節が認められる。

「舎利弗《しゃりほつ》よ、わが修行僧たちは昏蒙と睡気とから離れている。舎利弗よ、まさに士気をたてこれら修行僧のために説法しなさい。私は背中が痛い。いま少し横になりたい」とブッダがいうと、舎利弗は「世尊、かしこまりました」と。

ここではブッダが背中に痛みを感じ、上に着ていた外出着を四つに畳んで右脇を下にして、ちょうどライオンが臥すように臥せられた。片足をもう一つの足の上に重ね、智慧深く正しい思いでそこにおられたという。

ここではブッダにも疲労があり、背中に痛みがあることを伝えている。こうした内容は漢訳『長阿含経』「衆集経」、ならびにそれを注釈した理論書の『集異門足論《しゅういもんそくろん》』にも同じように認めることができる。

背痛以外にもブッダが体調不良を訴えた記述は、「パーリ律」に認められる。そこではブッダ自身が下剤を所望する。医者のジーヴァカは、下剤の代わりに煎じた青い蓮の花の匂いをかがせた。そうするとブッダは、三十回下痢を起こした。その後ブッダはスープなどを食べ、ようやく回復したとされる。これに対応する記述は『十誦律《じゅうじゅりつ》』にも認められ、いずれにせよ医王であるブッダといえども薬を所望したというのは、注目すべき記述である。

インド一般のならいとして、布施をすれば徳が積めるとされる。したがって、ブッダであろうと薬を布施されれば、それを受理しないかぎり相手は徳が積めないことになる。そこでブッダは受理するのである。しかしこの場合、ブッダはその薬を飲んだために下痢をしてしまった。あるいはまた、インドは暑熱のため、皮膚が乾燥するので油を塗るとされる。この油は薬でないという解釈もあるから除外するとしても、ブッダも亡くなるまでに風邪、肩や背中が痛いということがあったとされる。ブッダが亡くなる引き金となった食物も、豚肉か、きのこか、いまだに確定していないが、激しい下痢をしてそれが命取りになったとされる。いずれも、ブッダであろうと「老苦」のみならず「病苦」も免れず、生身の人間であったことを伝える一面である。

大乗における薬

大乗仏教になると、薬を調合する仏が登場し、大乗経典そのものが薬であるという考え方まで打ち出されはじめた。特に『法華経』にはブッダ自身が薬を調合するとあるし、『法華経』そのものが薬だから『法華経』を保つべき、ともいう。

大乗仏教になって新しく登場する仏に、薬師如来（図22）がある。特に薬、医術に特化した仏である。薬師如来は大乗仏教でも中期頃に成立した『薬師経』で説かれる仏である。

図22　薬師如来像
（画像提供・奈良国立博物館、撮影・森村欣司）

この薬師如来は東方世界に薬師瑠《る》璃《り》光《こう》世界をかまえている。『薬師経』では阿弥陀仏にもふれているから、成立的には阿弥陀信仰の後の成立であることは明白であるが、阿弥陀仏のまします西方の極楽浄土、それに対するかたちで東方に薬師如来が存在することを説く。

この『薬師経』では、部派仏教の戒律書

のように多くの薬草を具体的に列挙することはないが、薬師如来は多くの誓願をたてる。その七番目に、

わたしが未来において、この上なく完全な「さとり」に現に到達したときに、衆生たちが数々の病に打ちひしがれて、救う人も庇護する人もなく、薬を服用することもなく、また親族もなく、貧困にさいなまれていても、もしかれらがわたしの名を聴けば、かれらの病気はすべて癒え、無病息災となり、遂には「さとり」に達してほしい。

という誓いがある。この『薬師経』で具体的に説かれるのは、身体的な欠陥がなくなるとか、出産の際に安産になるといったことくらいである。

医王と薬の両立

五世紀頃に成立したセイロン仏教の理論書『清浄道論』には、修行僧が患者の悪い部分に手を当てるだけで病が癒える、とある。そのほか薬も服用すべきだという記述もみられる。してみると、五世紀頃のセイロンにはブッダ、もしくは修行僧が患部に手を当てれば病が癒えると

いった考え方と、薬を服用するという考え方が並列して位置づけられていた。この点はおそらくインドの場合も、両方の見方をとっていたと思われる。

いずれにしても、修行僧が薬や医術にかかわることは禁じるのと裏腹に、原始仏教のころから不慮の事故や病状に応じて陳棄薬、バター、蜜、砂糖などを摂ることは許されていた。ブッダが悟ったとされる四諦《したい》説（四つの事実）の教えのうち苦諦《くたい》（苦という事実）は精神的なものばかりではなく、肉体的な苦も含まれるとされる。ブッダは両方の苦しみを治すことができると、原始仏教以来説かれていたのである。

こうして部派仏教のころには慈悲による力によって治癒できるという考え方と、薬を服用するという考え方が対等に位置づけられていたと思われる。

第十三章　薬としての煙

感覚の悦楽としての喫煙

戒律書には、直接喫煙についての規定は認められない。そのために、日本のみならず東南アジアの僧たちも、堂々とたばこを吸っているという。酒に関しては五戒の一つに不飲酒戒《ふおんじゅかい》があるので、仏教徒であれば原則的に飲むべきでないことになっている。なぜ不可かの理由について中村元氏は、道を求める修行僧が平常心を失い、昏迷に至るから禁止になったといわれる。

もっとも喫煙に関しては、戒律書を子細に見ていくと、それに関連するものがないわけではない。「パーリ律」の中では修行僧が頭痛を訴えたとき、頭に油を塗るか鼻に薬に対応するものを注ぐのはよいという規定がある。もしそれで効き目がなかったら、薬草を煙にして吸ってよいとされる。

煙を吸う、または薬草を鼻に注ぐ場合、加工された金銀製の筒を用いるのは不可という。というのは、感覚の悦楽にふける在家者と同じだからとある。この点から一般の人たちは筒を使って吸っていたことがわかる。しかしながら出家者が筒を使用するのは一般の人と同類だと非難された。

『四分律』によれば、修行僧が風邪をひいた場合、煙を吸ってよく、『十誦律』では目が痛い場合、火の上に薬を丸めて置き、やはりその煙を吸ってよいという。

『根本有部律』でも風邪の場合、煙を吸っていいとされる。ただ風邪に関していえば、この場合は煙を吸う以外にもさまざまな治療法があった。熊や魚、あるいはイルカや猪などの油、それから油に漬けた麦の汁（蘇毘羅漿《そびらしょう》）とされる。蘇毘羅は粥ともされるが、それを水に溶かして飲むのはよいという。それゆえ風邪には煙以外にいろいろな治療法があったことがうかがえる。

ただ、「パーリ律」には、うまく煙を吸えないときは骨、角、竹、葦、巻貝など、筒を使っていいとある。こうしてみると、結果的にかなり早い時期から一般人が用いる筒に対応するものを、出家者たちも煙を吸うときに使っていたと思われる。

民間説話の『ジャータカ』をみても、一般の人たちは煙を吸う際に筒を使っていたことがわかる。バラモンなのに一般の商人と同じ生業、すなわちいろいろな物を売り歩いていることを非難した一節の中に、

（あるバラモンたちは）ハリータカ・アーマラカ・マンゴー・ジャンブ・ヴィビータカ・ラブジャ（パンの実）・楊枝・ベールヴァ（ビルヴァ樹）・木板・ラージャーヤタナ樹・砂糖黍《きび》の籠・煙筒・蜜・眼膏（など）の商品を、大声で売り歩きます。王さま、陛下、かれら

は商人と同じです。しかもかれらはバラモンと呼ばれます（上村勝彦訳）。

と、煙筒についての記述がある。「パーリ律」からみても筒でもって何かを吸うことは所詮、感覚の悦楽に通じるとある以上、修行僧といえども本来不可といえよう。

五辛の禁止

修行僧に禁じられた飲食として酒以外に、ニンニクなどの「五辛《ごしん》」がある。臭いの強い韮《にら》、葱《ねぎ》、蒜《にんにく》、薤《おおにら》、薑《しょうが》は不可と規定される。これも病気の場合はよいが、もしこれらを食べた場合、たとえば『摩訶僧祇律』によると、他の修行僧と同居してはならない、七日間、別の個室にとどまるべきであるとされる。教団には修行僧が一堂に会して懺悔《さんげ》したり、戒律条項を列挙した『解脱戒経』を読誦《どくじゅ》する日が月に二回ある。そのときでさえ一緒に参加してはならないと、極度に臭いを忌避している。とりわけ五辛類は精力剤とみなされ、修行僧に精力がつくのは修行の妨げになるからいけないということである。けれども酒や五辛なども病気ならばよいという。

臭いにかぎらず、ほかの修行僧に迷惑となる行為は、当然禁止とされる。僧院の中で自分が履いていた履き物を二足あわせてパタパタ叩いたり、クシャミ、アクビをしたときに余分な声を出したり、痒いところを掻いたときに思わず出す声、また集まりの中での放屁も不可とされる。

あるいは、薬として身体に塗香した場合、匂うためその塗香を拭ってから修行僧の集まりに加わるべきとされる。塗ったままだと、やはり他の修行僧に迷惑となるからだという。

こうしてみると、喫煙に関する規定が戒律書にはっきり出てこないとはいえ、ほかの修行僧に迷惑となるような行為は禁止されている。だから、たばこといえどもブッダの立場からすると、当然不可となるであろう。

現在、韓国の僧は一切たばこを吸わないが酒を飲み、東南アジアの僧はたばこは吸うが酒は一切飲まないという。日本の僧は両方嗜む。日本の仏教は民衆と密着しているから、喫煙も非難されることがないのであろう。

第十四章　水瓶

部派仏教時代の水瓶の使用

部派仏教時代の戒律書を見ると、当時、明らかに水瓶《すいびょう》（水を入れる器）を使用しはじめていたことがわかる。大乗仏教になると、弥勒（図23）や観音などの菩薩が水瓶を持つ姿で描かれるようになる。では、修行僧たちは、どうしてこの水瓶を持つに至ったのか。

「パーリ律」によると、在家者が修行僧と共同の休息場を設営し、そこに水瓶を配置した。それをブッダも承諾したとあるし、『十誦律《じゅうじゅりつ》』でも水瓶が使われていて、それを清潔に保つべきであるという規定が認められる。『四分律』でも、長老の修行僧が水を所望すると弟子が水瓶を持参したとある。『摩訶僧祇律《まかそうぎりつ》』にも、帯やサンダルとともに水瓶を所持していたとあるように、部派仏教時代の教団では、すでに水瓶を使用していたことがわかる。

図23　左手に水瓶を持つ弥勒菩薩立像
（ラホール博物館蔵）

バラモン教の神々は、水瓶を当然のように持っていた。バラモン教では自然界を構成する四元素、つまり地水火風、あるいは自然現象までを神として崇める。したがって水そのものもヴァルナ（水の意味）神として崇められた。水瓶を持つ神としてブラフマン、インドラ（帝釈天）、水の神サラスヴァティー（弁才天）、シヴァがある。ガンジス河にもガンガーという水の女神が住むとされる。

バラモンと水瓶

ヒンドゥー教神話学のフォルカー・メラー（生没年不詳）によると、最高神ブラフマンの持つ水瓶の水とは、聖なるガンジス河の水だとされる。こうした水瓶は神々のみならず、バラモンたちも持つものである。バラモンが持つ水というのは、不死の象徴でもある。バラモンが水瓶を持つべきことは、紀元前二世紀頃インドで成立し、政治から日常生活までを規定した『マヌ法典』に説かれている。

頭髪、爪、髭を整え、鉢と杖と水瓶を持ち、常に自己抑制し、すべての生き物に危害を加えずに遍歴すべし。

『マヌ法典』の後に成立した『ヤージュニャヴァルキヤ法典』[*1]にも、

あらゆる生物を慈しみ、平静を保ち、三杖を携え、水瓶を携帯し、ひとりを楽しみ遊行《ゆぎょう》し、乞食《こつじき》のために村落に立ち寄るべし。

とある。

原始仏教時代、つまりブッダと同時代のバラモンが水瓶を持つことは仏教徒たちにも知られていた。そのことは原始経典の『相応部』経典に、

西方のバラモンは水瓶を携帯し、水草の輪をつけ、火につかえ、彼らは亡くなった人を向上させ、和らげ鎮め天界に昇らせている。

とある。なおここで「水草の輪」とあるのは数珠の代用品をいい、「向上させ」というのは、人びとを天の世界へ向かわせることを意味する。

もとバラモンで、ブッダに帰依した人にカッサパ（迦葉）三兄弟がいる。この三兄弟は自分たちの弟子千人を連れてブッダに帰依した。むろんこれは、当時としては大きな出来事であり、仏教教団がその後発展する原動力となった。かれらは仏教に帰依する際、今まで持っていた火を崇める道具、水瓶、バラモンの巻き貝のような髪を切ってガンジス河の支流である尼連禅河《にれんぜんが》

に捨ててしまった。この火器、水瓶、髻の三つは、バラモンのバラモンたる標識そのものとされていた。それをなげうったのである。

ヒンドゥー教の沐浴

ヒンドゥー教では水を崇め、沐浴によって清められるし、とりわけ河での沐浴が神聖視される。この点も『マヌ法典』に、

清めを必要とする者は土あるいは水によって清められる。河川は流れによって清められる。

と、土とともに水とある。『ヤージュニャヴァルキヤ法典』でも同様に、水によって清められるとある。そうしてこれは、聖なる仙人たちによって定められたことだとされる。

『マハーバーラタ』には身を清め、沐浴する場所が説かれている。プラバーサなどの聖地、マヘーンドラなどの山、ガンジスなどの川、プラクシャなどの聖樹などによるとし、河としてはガンジス河が具体的にあげられる。こうして、ヒンドゥー教徒たちが沐浴によって身を清める

（図24）というのは、インドばかりでなくセイロン仏教の体系書『清浄道論』にも、

ガンガー河もヤムナー河も、あるいはサラブー河もサラスヴァティー河も、あるいはアチラヴァティーという流れも、あるいはまたマヒー河も、この世の生き物の垢汚れを清めることはできない。戒という水だけがじつに生きとし生けるものの垢汚れを清めることができる。

図24　ベナレスの沐浴

とある。『清浄道論』を書いたブッダゴーサは五世紀頃の北インド出身であるが、そのころセイロンでもヒンドゥー教徒が河での沐浴によって身を清めることが知られていた。

中国の求法僧といえども、かれらが沐浴により身を清めることを知っていた。*2『大智度論《だいちどろん》』の原型はインドと考えていいであろうが（大半は中国での潤色と思われる）、その『大智度論』では、ガンジス河でヒンドゥー教徒が沐浴をする、それによって罪や垢が流れる、しかしそうすると福も流れてしまうのではないか、と揶揄している。

三論宗の吉蔵《きちぞう》（五四九―六二三年）も『百論疏』の中で、『大智度論』が批判するとおり、沐

浴は無意味であると言っている。

六世紀の玄奘はインドを訪問した際にガンジス河について観察し、水谷真成氏の現代語訳によると、

水の色は青々と、流れは広々としている。魔物は多いけれども害を加えることはない。その味は甘美であり、細かい沙《すな》は流れに随《したが》い広がっている。この地方（ガンジス上流）の通俗的な記録にはこの河を福水と言い、罪咎《とが》が山と積もっても、この河で沐浴すれば除かれ、命を軽く見て自ら水中に沈むものは天に生まれて福を受ける。

とある。さらに、

五印度の人、之を殑伽河門《ぎょうがかもん》といい、福を生じ罪を滅する所とす。常に遠方より数百千人有りて此に集まり、水浴すと。

（インドの人びとはここをガンジス河の入口とし、福徳が生まれ罪が滅するところとみている。いつも遠方から数百、千人がここにやって来て、沐浴をしている）

と、玄奘の時代でも人びとが大勢やってきて、ガンジス河で沐浴をしていると報告している。このようにヒンドゥー教徒にとってのガンジス河での沐浴は、五世紀のセイロンであろうと、六世紀の中国の玄奘であろうと、明白に知られていたのである。

ブッダからみた沐浴

ところでブッダはバラモンたちが行うこうした沐浴を、無意味と批判した。たとえば原始経典の『相応部』経典の中に、一人のバラモンとブッダとの対話がある。

「バラモンよ、あなたは水によって身を浄める行者であり、水によって清浄を達成しようとしていて、朝夕に水中に下りて水に浴することを実行していると伝えられているのは、本当ですか?」「ゴータマさま、ここに、わたくしは昼間につくった悪業《あくごう》を夕に沐浴して洗い落とし、夜につくった悪業を朝早くに沐浴して洗い落とすのです。この利益を見るが故に、わたくしは、水によって身を浄める行者となり、水によって清浄を達成しようとして、朝夕に水中に下りて水に浴することを実行しているのです」

バラモンたちは毎日、身体や心に付着した悪業を、朝と晩の沐浴によって洗い流すのであるという。これに対してブッダは、自分を清めるのは「沐浴」ではなく、「戒」を保つことによるという。この点について、

水を必要としない沐浴とは、苦行と清らかな禁欲の行い（梵行《ぼんぎょう》）とである。

と簡潔に説かれる。

ブッダは戒を保つ、あるいは苦行と梵行こそがバラモンの沐浴に代わるものとした。この点は尼僧たちの言葉を収録した『テーリーガーター』にも同じような対話がみられる。沐浴によって悪業が流れるのであれば、河に住んでいる魚、亀、鰐《わに》などみな功徳を積んで死後、天に生まれるはずであるし、またもし河での沐浴によって悪業がすべて流れるというなら、善業も流れてしまうのではないか、というのである。

ガンジス河と仏教徒

そもそも仏教徒はガンジス河をどのように見ていたのか。大きな河としてガンジス、ヤムナ

ー、アチラヴァティー、サラブー、マヒーなどがある。これらの河は大海に至って以前の個々の名前を捨てて、ただ「大海」と呼ばれるだけだ、というのである。パーリ語経典の『スッタニパータ』には、

火への供養は祭祀のうちで最上のものである。サーヴィトリー〔讃歌〕はヴェーダの詩句のうちで最上のものである。王は人間のうちでは最上の者である。大海は諸河川のうちで最上のものである（中村元訳）。

とある。これは個々の河に比べれば、海のほうが最上であるというもの。あるいは同じ原始経典である『ウダーナヴァルガ』には、

ガンジス河の水が集まり流れて、汚れを離れて海に向かうように、善く行なった人（＝仏）の説きたもうたこの道も、不死の獲得に向って流れる（中村元訳）。

とある。これもガンジス河というのは単なる流れの一つ、つまり通過点であり、到達点ではないという。

『摩訶僧祇律』によれば、修行僧が多数集合し、それが全く静寂なさまをガンジス河に喩《たと》えることがみられる。

猶《なお》し恒河《ごうが》の深淵澄静《ちょうじょう》して声なきが如し。

（ガンジス河が深く透明、静謐であるようなものである）

これは仏教徒がガンジス河を深く澄んだ静寂な流れとみていたものである。これらはいずれも、ガンジス河をヒンドゥー教徒のように聖なる河とはみないものである。

部派仏教時代の『発智論《ほっちろん》』という理論書では、沐浴により解脱に向かうという考え方は曲解であり、曲解とわかれば即断できるとしている。

仏教側がヒンドゥー教徒の行う沐浴に意味がないとする点は、ブッダが悟りを開いてから生まれ故郷に戻り、自分の父親である浄飯王と対話する中にも認められる。その対話の中で、

「以前は豪奢な宮舎で、いつも最善で無上の湯あみをしていた。今、独りで森の住人であるそなた、苦行者の長を誰が沐浴させてくれるのですか?」と浄飯王が聞く。これに対し、ブッダは「法という池は戒という清涼な池と等しく、賢者によっても健康であると称讃さ

れている。人びとは知識の徳によってその池で沐浴してから、濡れてない身体で向こう岸（彼岸）に渡るのです」

とある。ブッダはここで、沐浴に代わるものとして、法と戒を保つことという。清潔を保つための沐浴は、ブッダも出家する前の太子のときにしていた。しかし出家後のブッダにとっては戒や法を保つことが沐浴であると答えている。

沐浴と清潔

もっとも仏教徒は沐浴をしないわけではない。しかしそれは、あくまでも身体を清潔に保つという意味での沐浴である。ちなみに仏教徒の沐浴風景については『根本説一切有部毘奈耶雑事《こんぽんせついっさいうぶびなやざつじ》』に一つの光景が認められる。修行僧たちは裸で沐浴していたために、一般の人が裸形外道《らぎょうげどう》、つまりジャイナ教徒と間違えてしまった。それをブッダに報告すると、ブッダは沐浴そのものに問題はないけれども、その際、下着をつけるべきだと諭したとある。

七世紀にインドの大寺院・ナーランダーを訪問した唐の僧、義浄（六三五−七一三年）も、ナーランダーでは修行僧たちが下半身用の下着（裙《くん》）をつけて沐浴をしていたと伝えている。

ともかく、仏教徒にとっての沐浴とは清潔のためであり、病気の予防と体調を整えることは修行をするうえで大切なこととされる。

大乗仏教でも、清潔のために沐浴することは『華厳経』の中に、

香水沐浴は十の功徳を具う。

（香水による沐浴には十種の功徳がある）

と、身体を水で拭うことには十種の功徳があるという。これは、

一に能《よ》く風を除き、二に魑魅《ちみ》を去り、三に精気充実し、四に寿命を増益し、五に諸の労乏を解き、六に身体柔軟、七に垢穢を浄除し、八に気力を長養し、九に人を膽勇《たんゆう》せしめ、十に善く煩熱《はんねつ》を去れり。

（一に風邪を防ぎ、二に悪霊を退散させ、三に気力が充実し、四に長寿となり、五に疲労回復させ、六に身体軽やかになり、七に垢を落とし、八に気力を養い、九に人を勇気づけ、十に煩悩を断つことができる）

図25　相国寺浴室（著者撮影）

図26　相国寺浴室内部図解（著者撮影）

の十種であり、いずれも実用面での功徳を示したものである。ただ煩悩を断つとある点は、従来にない解釈である。沐浴の時期は原則的に月に二回とされ、これはバラモンの場合と同じである。

　月に二回沐浴をする伝統は、中国、日本の禅宗系統で受け継がれてきた。京都の相国寺では、沐浴を蒸し風呂のサウナ形式とし、建物を宣明《せんみょう》（図25、26）と呼び、今もそのまま保存されている。

水瓶と仏教徒

　では、なぜ仏教徒は水瓶を使用するようになったのであろうか。『摩訶僧祇律』によれば、修行僧はむしろ水瓶を持つべきであるという記述まで認められる。水瓶が許可されるに至った機縁と考えられるものに、『パーリ律』に遊行中に荒地に出くわし、水も食物もなくそれ以上進むことができなくなってしまった、その際、ブッダが乳製品や水などの所持を許可したとある。水の所持には当然、その器、つまり水瓶が必要なので、その時点で携帯が許可されるようになったと考えられる。

三衣一鉢以後に修行僧がその所持を公に許可されたものに「比丘六物《びくろくもつ》」がある。これは三種の衣、鉢、坐具、漉水嚢《ろくすいのう》を一括したものである。漉水嚢とは水を漉《こ》して飲む袋で、本来、ジャイナ教徒の持つ物であった。ジャイナ教は極端な不殺生という立場をとるので、水の中にいる虫も殺さないように、水を漉す袋を持っていた。これを仏教も採用するようになったのである。なぜ採用したかは、道中で濁り水によって水が不潔なことがあり、やむなく水を漉して飲む許可が出たのだろうと思われる。

水瓶許可に至ったもう一つの理由に、遍歴中であれ僧院であれ、排泄物の処理があったと思われる。修行僧にとっても排泄物の処理をする際に水を必要としはじめた。水がないところでは瓶もしくは何らかの器に水を入れ、排泄後、それらを使用した。その時点で、水瓶を持つ許可が出るようになったのである。

ところが大乗仏教になると、水に対する考え方がそれ以前と大きく変わってくる。この点は先に『華厳経』のいう沐浴の十徳の一つとして煩悩を断つとあったことである。さらに『華厳経』によると、

左右の便利をなさば当《まさ》に願うべし、衆生は汚穢を蠲《けん》除して、婬怒痴《いんぬち》無けんと。已《おわ》りて水

に就かば、当に願うべし、衆生は無上の道に向かいて、出世の法を得んと。

（糞尿の排泄の際に祈るべきである、生きとし生ける者は汚れを取り除き、怒り、憎しみ、無知がないように。排泄し終わり、水を使用する際、祈るべきである、生きとし生ける者は最上の道に向かい、仏法に達するであろうと）

と、水の扱い方によって、「婬怒痴」つまり「貪《とん》（必要以上に求める心）・瞋《しん》（憎しみの心）・痴（無知）」という煩悩を断ち切ることができるとある。従来、水の扱い方は実用的なものであったが、『華厳経』では水の扱い方次第で煩悩を断ったり、悟りに到達することが可能だという新しい解釈が提唱される。

この『華厳経』の考え方は、『華厳経』の前段階を示す『菩薩本業経《ぼさつほんぎょうきょう》』にも同じ文脈で、

左右便利をなさば当に願うべし、衆生は汚穢を蠲除して婬怒痴無からんと。

と説かれる。これは異訳経典の『諸菩薩求仏本業経《しょぼさつぐぶつほんぎょうきょう》』にも認めることができる。

水の扱いが変われば、水を入れる水瓶も当然重視されたであろう。大乗仏教になると、こうして水と水瓶が神聖視されるに至ったのである。

水瓶を持つ弥勒菩薩

水瓶を持つ仏に、弥勒菩薩がある。この菩薩は大乗仏教になって登場する菩薩である。弥勒菩薩のもっとも古い像は紀元二、三世紀のガンダーラのものであるが、この像の下部にははっきりと弥勒であると書かれ、水瓶を持つ姿をとる。

弥勒菩薩が水瓶を持つのは、弥勒は元来バラモンの出身という伝承があるからだ。弥勒はもっとも古い経典『スッタニパータ』にバラモンの弟子と説かれるし、弥勒菩薩を主題とした『観弥勒菩薩上生《じょうしょう》兜《と》率天《そつてん》経』でも弥勒はバラモンの生まれとされる。出身がバラモンであれば、むろん水瓶を持つことになる。

『増一阿含経』や『清浄道論』によると、未来仏としての弥勒も両親の名前がスブラフマー、ブラフマヴァティーとある。「ス」は善《よ》きという意味、つまり「善きブラフマン」、「ブラフマヴァティー」とは「ブラフマンを持つ者」という意味である。両親の名前がバラモン教の最高神であるブラフマンと関係がある以上、弥勒もブラフマンと深い関係があるとみられたのである。このように弥勒はバラモンやブラフマンと密接なつながりがあることから、ブラフマンが持つ水瓶を弥勒も持つというのである。

クシャーナ王朝の美術史の研究家、アメリカのローゼンフィールド（生没年不詳）は、仏教でも大乗になるとバラモン教の影響が非常に強まり、その影響で最高神ブラフマンの頭にある髻、水瓶は、宝石や真珠とともに弥勒菩薩の造形化に際して採用されたのだろうという。あるいはヒンドゥー神話学のフォルカー・メラーによれば、弥勒菩薩の持つ水瓶の水は不死を意味し、ブラフマンの持つ水も不死を意味する点で揆《き》を一にするという。

もっとも弥勒菩薩が水瓶を手に持つのは、あくまでも仏像制作者の考え方であって、仏典に弥勒菩薩が水瓶を持つとはっきり出てくるのは、インドでもずっと後の密教経典になってからである。そうしてみると、紀元二、三世紀の弥勒菩薩像が水瓶を持つ姿で造形されたのは、弥勒がバラモンの生まれとされること、もしくはブラフマンと深いつながりがあるということからであろう。弥勒菩薩ばかりでなく、その後、観音も水瓶を持つに至ったことは、広く知られるとおりである。

＊1ヤージュニャヴァルキヤ法典　三〜四世紀にかけて作られ、ヒンドゥー社会における生活規範や法規定が集められている。

＊2大智度論　龍樹作。『摩訶般若波羅蜜経』の注釈書。初期仏教から初期大乗までの術語を詳説する形式

なので、仏教百科事典的に扱われることが多い。

おわりに

この本は、先に出版した『修行僧の持ち物の歴史』（山喜房佛書林刊）のダイジェスト版というべきものである。ただしそのうちの「無所有の精神」「鐘」の二篇を除外し、新たに「戴冠と下着姿の観音」を加えた点に違いがある。

われわれは聖観音のように下着姿で造形された仏を違和感なく拝んでいるが、よく考えてみれば、なんとも大胆な姿の仏像といえよう。そのような造形がなされるに至ったゆえんを考察して、本書では新たに一章を加えた。

原典からの引用は、どうしても論証のうえで必要だと思った場合だけにして、なるべく避けるようにした。それは本書が、私にとっては初めて専門家以外の人を対象とした著作だからである。平易に書くことに努めたが、それは意外に難しいことを、今回の執筆を通して痛感した。

終わりに本書出版に際し、みち書房社長の田中治郎氏、岡田理恵氏、薦田恵美氏にひとかたならぬお世話になり、さらに大法輪閣社長・石原大道氏の御高配にあずかったことに感謝したい。

平成二十五年　六月吉日

【著者略歴】

西村実則（にしむらみのり）

1947年生まれ。大正大学大学院博士課程修了。

現在、大正大学仏教学部教授　博士（仏教学）。

著書論文は『アビダルマ教学――倶舎論の煩悩論――』（法藏館）、『荻原雲来と渡辺海旭――ドイツ・インド学と近代日本――』（大法輪閣）、『修行僧の持ち物の歴史』（山喜房佛書林）、「マーヤー夫人の死とブッダ」「大衆部の発祥地」「サンスクリットと大乗」「『無量寿経』にみられる天女」など。

ブッダの冠――仏・菩薩の持ち物〈考〉

2013年６月10日　第１刷発行

著　　者　西村実則
発 行 人　石原大道
編　　集　株式会社 みち書房
発 行 所　有限会社 大法輪閣
〒150-0011　東京都渋谷区東2-5-36 大泉ビル2階
TEL 03-5466-1401（代表）　振替 00130-8-19番
印刷・製本　三協美術印刷株式会社

ISBN978-4-8046-8204-4　C0015